JN203324

ディズニー・USJ《ユニバーサル・スタジオ・ジャパン》で学んだ

ディズニー・USJ元人財開発育成トレーナー　今井千尋

Disney & USJ
現場を強くするリーダーの原理原則
LEADERSHIP

内外出版社

プロローグ

はじめまして、今井千尋です。

あなたは東京ディズニーランドに行かれたことがありますか？

ジャングルクルーズを楽しまれたことはありますか？

ジャングルクルーズは、ディズニーランド開園時からの大人気アトラクションです。ゲストはボートに乗り込み、未開のジャングルを探検します。1周約10分のジャングル探検に使われるボートは、32人乗り。私はジャングルクルーズの船長として、約3万周超、長年にわたり、多くのゲストの方をワクワクのジャングルクルーズにご案内しました。

ですから、もしかすると、私とあなたは「はじめまして」ではないかもしれません。

小学校2年生のとき、私は両親に連れられていったディズニーランドで初めて明確な夢を持ちました。

「ジャングルクルーズのお兄さんになりたい！」

8歳なりに抱いた具体的で前向きな目的、目標でした。

それから十数年。

私はジャングルクルーズのお兄さんになり、夢を実現し、本当にたくさんのゲストのみなさんとともにジャングルを探検しました。

ひとつの夢が叶った成功体験は大きく、私はディズニーランドで次の目的、目標をみつけることができました。

それが人財育成・人財開発業務です。


東京ディズニーシーの開業時、数千人のキャストの受け入れを担当し、ウォルト・ディズニーから受け継がれるディズニーサービスのマインドを伝えるディズニーユニバーシティの講師（ディズニーユニバーシティリーダー）も務めました。

その経験をもとに、当時「ラ・ボエム」「モンスーンカフェ」や「権八」などの有名飲食店舗を勢力的に国内外に展開していたグローバルダイニングにご縁をいただき、現場のリーダーである店長やチーフの教育業務、新入社員のオリエンテーション研修などの企画立ち上げ、運営責任者を担当。メディアにも多数取り上げていただきました。
さらには、ユニバーサル・スタジオ・ジャパンでも人事、人財開発の専任担当として部を横断し、飲食、物販、エンターテイメント、オペレーション企画、全社人事部内のトレーニングを企画、開発、運営。自らトレーナーとして全社ゲストサービス施策である「マジカル・モーメント・プログラム」やホスピタリティの講習、企業内大学である「ユニバーサル・アカデミー」の立ち上げを行うことで、ユニバーサル・スタジオ・ジャパンの業績回復を支えてきました。

そして、私は現在、株式会社コミュニケーションエナジーで人財育成、人財開発講師兼　人財開発ＯＪＤコンサルタント、一般財団法人人財開発推進機構人財開発推進室　室長として日々、年中無休ならぬ「年中夢中」で走り回っています。

本書では、世界でも有数のホスピタリティサービスを誇るディズニーランドの人財育成、人財開発の考え方をはじめ、業績をＶ字回復させていったユニバーサル・スタジオ・ジャパンで行われてきた顧客サービスの改善や人財育成、人財開発を分析。私自身の豊富な体験談を例にしながら、現場のリーダーの悩みを解決する独自のメソッドを紹介していきます。

とはいえ、あなたはこう思うかもしれません。

それは「ディズニーランドやユニバーサル・スタジオ・ジャパンだからできることなんじゃないか？」と。

たしかに、多くの企業がディズニーランドやユニバーサル・スタジオ・ジャパンを視察しながら、その手法を取り入れることができずにいます。

しかし、**私は「ディズニーランドやユニバーサル・スタジオ・ジャパンでできていることは、誰でも、どんな企業でも、どんな現場でも再現可能だ**」と考えています。

「日本の人財開発を世界のグローバルスタンダードへ！」のスローガンのもと、

「日本中に、ディズニーランドやユニバーサル・スタジオ・ジャパンのような訪れる人も、働く人も幸せになる場を広げたい‼」

多くのスタッフが「自然に」パーク（＝自社）を愛し、自社の理念を理解し、共感したうえで、現場のリーダーとともに自発的に伸び伸びと成長していく。現場での体験、経験からたくさんの意味や価値を見出し、志事と共に成長していく。

そんな好循環が実現するチームをつくるために何が必要なのか。

その答えが、本書にあります。

それではあなたもいっしょに、「現場のリーダーの悩み」というジャングルの探検に漕ぎ出しましょう。


『さぁ、学びの旅へ出発です！』

目次

3章　部下が変わる！　リーダーの原理原則　57

・「わかりました」と答えたのに「わかっていない部下」。どうしたら本当にわかるようになるのでしょうか？　58
――情報はすぐに腐る。だから指示は常に新鮮なものにしておこう。
・新人がなかなか伸びません。教え方が間違っているのでしょうか？　64
――指示するときは、なぜやるか（目的）、どこまでするか（ゴール）を明確に。
・「指示待ち」の部下。自分の頭で考えて動くようになるにはどうしたらいいのでしょうか？　71
――どんなすばらしい未来があるのか、自らの体験を通してロマンを語ろう。
・経営理念を唱和するだけで、部下にはまったく浸透していきません…。　79
――映像がぱっと浮かぶような言葉でストーリーを伝えよう。
・「どうせ、○○だから」「やっても、どうせダメだから」。「どうせ」が口ぐせの部下にスイッチを入れるには？　84
――「どうせ」は自分を傷つける言葉。問いかけ、関わり、小さな成功を積み上げていこう。
・チャレンジできない部下。もっと積極的になってもらいたいのに…。　93
――部下が思いっきりバットを振れるように安心できる場をつくろう。

・**部下を「ほめて伸ばそう」としていますが、伸び悩んでいます。**
「ほめて伸ばす」は間違いなのでしょうか。 100
――ほめる（追い風）だけでは人は伸びない。
目的を明確にして、仕事の負荷（向かい風）を与えていこう。

・**仕事の進め方がわかりやすくなるようマニュアルを徹底させたものの、**
サービスの質は下がってしまいました…。 106
――大事なのは、やり方（マニュアル）ではなく、在り方（目的）。
なぜするのか、どこを目指すのか、目的とゴールをしっかりと伝えよう。

・**部下にアドバイスをしますが響きません。どうしたらいいでしょうか？** 115
――スタッフを変えようと「処方」するのではなく、まずは「診断する」（聴く）ことから始めよう。

・**なかなか本心を明かしてくれない部下。部下の本音を知る方法はありますか？** 122
――スタッフとの対話を、「省略・一般化・歪曲」しない、させないようにしよう。

・**私には、信頼し合えるようなスタッフがいません。**
どうすれば、強い信頼関係を結べるようになるのでしょうか？ 128
――スタッフの本音に耳を傾け、受け入れ、未来の話ができるようになった時、強い絆が生まれる。

・「また何か会社が変なことをやりだした」と新しいチャレンジには否定的な部下。
どうしたらいいでしょうか？　135
——経営層、リーダー層、スタッフ層の「視座」「視野」「視点」には
それぞれ違いがあることを理解しておこう。
・部下に目標を立てさせているのですが現状維持の低いハードルばかりです…。　139
——目指す目的によって準備が変わる。
・「やらされている感」満載の部下。どうしたら前向きになるでしょうか。　146
——「私はこう思うけど、あなたはどう思う？　どうしたい？」と、問いを投げかけてみよう。
・やってみよう　1
身についているクセを変える、8週間チャレンジ　152

4章　チームが変わる！　リーダーの原理原則　159

・**新任のリーダーとして、目標を定め、スタッフを鼓舞しているものの、ひとつのチームとしてうまく機能していきません…。** 160
――良いチームをつくるためには、まず、絆でつながったグループをつくることから始めよう。

・**チーム全体で目標を共有しようとしているのですが、「また会社が変なこと言い出した」と、伝わっていきません。** 166
――「上が」「会社が」と言うスタッフがチームのコミュニケーションの障害に。

まずは、そのスタッフと1対1の対話を増やしてみよう。

――スタッフの現在地をしっかりと把握し次の段階へと導く投げかけを発信してみよう。

・**上から新しい目標や方針が下りてきても、現場のスタッフが一丸となって取り組んでくれません…。** 183
――チームの目的と目標は、スタッフ全員が日々の現場でイメージできるように、言い換えてみよう。

・**売上目標を共有しますが、チームの動きはいまいち。罰則をつくって追い立てるようなやり方も必要かなと思い始めています…。** 191
――自律したチームになるために、ルールで縛るのではなく、安心してなんでも話せる「場」をつくってみよう。

・安心して語り合える「場」があるだけで、チームは変わりますか？
USJの復活の背景にも「場」づくりが関係していたのですか？ 200
——スタッフそれぞれが自分のキャラクターを出せるような安心できる場をつくると、チームは育つ。

・やる気のあるスタッフとそうではないスタッフの間に温度差があり、
チームがうまく機能してくれません…。 208
——チーム変革のポイントは、前向きなスタッフが68％に達した時。ここで本気スイッチを入れよう。

・たくさんのやるべきことを、チームに伝えなければいけないとき、
うまく伝えるコツを教えてください。 214
——伝えるコツ。覚えられる情報量は、マジカルフォー。

・アルバイトを募集してもなかなか人が集まらず、
時給の高い求人が出るとスタッフが辞めてしまいます…。 220
——お金になびくものは追わず、このチームで働く意味や価値を発信していこう。

・がんばれるタイプのスタッフが周りを引っ張ってくれることでチームがうまく回っています。
この状態はチーム運営として正解ですか？ 224

――個人のがんばりに頼るのではなく、熱が37度になったら休むことを、
チーム全体で分かり合っておこう。
・やってみよう 2
あなたはどっち？ 「できる、できない」思考と、「やる、やらない」思考 232
5章 お客様が輝く！ リーダーの原理原則 241
・「お客様第一主義」「お客様を大切に」「顧客満足を追求する」
会社はすばらしいスローガンを掲げていますが、現場には浸透していません…。 242
――同業他社だけではなく、どこのお店や会社よりも質の高い
「ありがとうございました」が言えているか、問いかけてみよう。
・明るくてお客さんからの評判のよかったアルバイトが辞めたことで
現場の元気のよさがなくなってしまいました…。 252
――「自分たちがお客様とどういう関係性を築きたいか」を問いかけると、

「いらっしゃいませ！　こんにちは！」の声かけの在り方が変わってくる。

- **普段はしっかりとお客様と接することのできるスタッフがたまたまミスをしてしまったとき、どう対処するべきでしょうか？** 259

——ミスのリカバリーは、その場ですぐに。「やり方」のミスでも「在り方」を再確認しよう。

- **毎日、たくさんのお客さんと接する仕事をしています。お客さん一人ひとりを大切にしたいのですが、忙しさのあまり思うようにいきません…。** 264

——「大切な人が誕生日を迎えるとしたら、何をしてあげたい？」。
この視点でお客様のことを考えてみよう。

- **お客様の要望はどこまでお聞きすればいいでしょうか？ また、スタッフにはどんな基準を示せばいいでしょうか？** 271

——「在り方」を実現するには、お客様への本当の愛に満ちた「やり方の基準」を共有しておこう。

- **ディズニーランドが最高の顧客サービスを維持できるのはなぜですか？ 目指していても、意識していてもなかなか真似できません。** 279

——当たり前のことを当たり前にやりきろう。大切にしなければいけないことを大切にしよう。

6章 自分が変わる! リーダーの原理原則 297

「どうせ、自分は」と不安が膨らむ毎日です。 306
――多くの人はごまかせても、最後のひとりはごまかせない。そのひとりとは、自分である。

・あのときこうしておけばよかった……という後悔、
別の方法があったはずという思いを活かす方法はありますか？ 314
――気づきは付箋にメモしておこう。その気づきへの問いが、成長へとつながる。

・リーダーとして志事に慣れてきた実感がある一方、
スタッフとの一体感が失われてきた不安があります…。 319
――常に、目的と目標を明確にしておこう。「なぜここで働くのか」、その問いを常に持ち続けよう。

・最近、この先の自分のキャリアについて考えることが増えてきました。
答えではなく、答えを出すための考え方があれば、アドバイスをください。 327
――あなたの仕事は「作業」ですか、「仕事」ですか、それとも「志事」ですか？

エピローグ 338

若いリーダー世代の必読書 河原成美 348

1章

リーダーの「現在地」を知る3つの質問

「あなたと部下」「あなたとチーム」「あなた自身」現場の「困った」の深刻度を測る3つの質問

あなたは「熱があるかな？」と感じたとき、何度の熱で病院に行くようにしていますか？

37度3分で「早めに」と病院に行く人、37度5分で「念のため」と受診する人、38度で「8度なら」と足を運ぶ人、39度で「もうダメだ」とふらふら向かう人……。40度超えでも「気合だ!!」と言ってやりすぎて救急搬送されてしまう人……。

それぞれが体調と経験と仕事やプライベートでやらなければいけないことを天秤にかけて、その時々に様々な判断をされていると思います。

そのとき、どのタイプの人にも共通する行動は、「熱があるかな？」と感じたら、体温計で体温を測ること。表示された体温を見て、「まだ大丈夫」「きっぱり休もう」と決めているのではないでしょうか。

現場で働くリーダーに向けた本で、なぜ、熱の話？ と思われたかもしれません。じつは私たちが仕事で直面する「困った」や「どうしたらいい？」、「なぜ、うまくいかないのだろう？」という悩みへの対処の仕方は、熱との向き合い方に似ているからです。

どこが似ているのか……というと、それは「ある程度、我慢できてしまう」ところです。ときには気づかないまま、「困った」が放置され、なんとなく「解決」されることもあれば、周りから見ると「あの人、もう休んだ方がいいのに」というくらい熱でふらふらなのにがんばってしまうこともあります。さらには、がんばりすぎて多くの人に良くも悪くも影響を与えてしまうこともあります。

私も振り返ってみれば、生来の負けず嫌いの性格も相まって、ディズニーランド時代、ユニバーサル・スタジオ・ジャパン時代を通して、我慢してがんばってしまうタイプでした。

部下や上司から見れば、完全に熱を出しているのに、現場のリーダーとして「まだ大丈夫」「がんばれる」と気合と根性で踏ん張った結果、周りに悪影響を与えてしまう。今、人財教育、人財開発を行う講師の立場となり、私はそんながんばってしまうタイプの現場リーダーに多く接するようになりました。

そこで気づいたのは、私たちは仕事のこととなると、なかなか体温計で自分を測ろうとしないということです。

あなたは自分の状態を知るためのモノサシを持っていますか？

例えば、勉強会に集まってくれた現場リーダーたちを前に、「皆さんは今、それぞれに自分自身や職場、チーム内に何らかの悩みや問題を抱えていると思います。その悩みや問題を体温に例えると、今は何度くらいの発熱ですか？」と聞いてみます。

すると、現場リーダーたちは今ひとつピンと来ないという顔をしながら、「平熱です」「8度くらいかな」「40度超えているかも」などと答えてくれます。

そこで、「8度くらいかな？」と答えたリーダーに「38度はどういう状況ですか？」と詳しく話を聞いてみると、即入院レベルで現場が混乱していることもめずらしくありません。

本人は「まだ大丈夫だ」と思っていても、現実には「インフルエンザで40度超え」といった状態になっているのです。こうした自覚症状と診断の食い違いは、リーダーの指揮下にいる部下やサポートしている同僚、統括している上司にとってマイナスなだけでなく、

自分のものさしを持って
今の状態を把握しよう

サービスを受けるお客様にも迷惑がかかります。

この状態が慢性化すると「体温」という現場の状況、自身の状況自体を正確に感じ取ることができなくなり、すべてに対して鈍くなる結果、急に大きな病気が降りかかってきたように、現場での大きな問題が発生します。

「なんでもっと早く気づかなかったんだ!」なんて言葉が現場を飛び交うわけです。

この状態は、気づかなかったのではなく、気づけなくなっているという症状だったということが明確でしょう。

私たちに欠けているのは、自分の状態をよりよく知るためのモノサシ、体温計であり、「現在地」の明確な把握です。


本書を手にしてくださったあなたは、きっと現場を支える仕事を担っていると思います。今、あなたが抱えている悩みや問題は、平熱の範囲に収まっていますか? 前兆である微熱レベルや病院に行くべき発熱レベルに達していませんか?

この1章では、あなたの悩みや問題の発熱レベルを測るため、体温計代わりとなる3つの質問を用意しました。

それぞれの問いは、「あなたと部下」、「あなたとチーム」、「あなた自身」の今の状態をチェックする仕掛けとなっています。
もし、この3つの質問に対して、「あるある」「まさにそう」と感じたなら、要注意です。あなたが「微熱くらいかな?」と感じている悩みや問題は、一刻も早く受診が必要な発熱かもしれません。

それでは、次の3つの質問について考えてみてください。

□ひとつ目の質問

あなたは、「なんでやってないの？」と言っていませんか？

「月末まで用意しておいて」と締め日を伝えたのに、報告書を出してこない。

「〇時までに検品終わらせておいて」と指示したのに、終わっていない。

この手の「やっておいて」と伝えたはずなのに、やっていない事案は業種職種にかかわらず、あらゆる現場で日々起きているトラブルです。

そんなとき、あなたは「なんでやってないの？」と言っていませんか？

あるいは、言葉として口にはしないまでも、心の中で、そうボヤいていることはありませんか？ 「ありますよね？」「でも大丈夫です！」そう言ってしまう気持ち、本当によくわかります。

私もディズニーランドやユニバーサル・スタジオ・ジャパンで人財育成のスーパーバイザーをしていた時代、現場で何度となく「なんでやってないの？」『はい！』って言っていたのに、なぜやらないのかな？」と怒鳴ってしまったことがありました。

ディズニーランド時代のあるとき、求めている清掃の基準からするとまったくきれいになっていないのに、スタッフは「やりました」「できました」と言ってきて、激怒。スタッフから「やったのに怒られた……」という視線で見られるということもありました。

そんなとき、若き日の私は怒りが再燃し、「やったのに、きれいになってないんじゃ、意味ないよね」と爆発。「もういいから」と自分で気になったところをきれいにしていました。

まさに38度を超える発熱状態です。しかも、当時の私は二重の意味で、気づいていませんでした。

自分が熱を出しているのはもちろん、そのやりとりがますますスタッフとの間の信頼を損ない、心の距離を広げ、問題を悪化させていくことを。そして、「なんでやってないの？」と言ってしまう状況をつくっていたのが、じつは自分だったということも。

リーダーが「なんでやってないの？」と言ってしまう状況は、多くの場合、リーダー自身がつくっています。しかし、当のリーダーは自分のしくじりに気づいていません。なぜなら、自分はきちんと指示を出し、ミスをしたのはスタッフや部下で、そのうえ、リカバリーまでやる結果になっているのだから、こちらに非はないと思っているからです。

「なんでやってないの?」問題のふたつの原因

今、振り返れば、私がディズニーランドやユニバーサル・スタジオ・ジャパンの人財育成リーダーだったとき、「なんでやってないの?」を連呼することになっていた原因は、ふたつあります。

ひとつは伝え方、もうひとつは目的の共有不足です。

例えば、人財育成トレーニング会場の受講生が座る長テーブルや椅子の汚れ、ホワイトボードの汚れに気づいた私が、「あそこをきれいにしておいてね」と指示を出したとしましょう。それを聞いたスタッフが「わかりました」と答えると、私は次の仕事をするため、足早にその場からいなくなります。

私は「指示を出した」「伝わった」と思っています。

部下であるスタッフは「きれいにするのはわかりました」「でも、いつまでに?」「どこまでを?」「どのくらい?」と、多くの「?」を抱えたまま、通常業務に戻ります。

30分後、私は現場を通りかかります。ホワイトボード、長テーブルはピカピカですが、まだ椅子の汚れは落ちていません。スタッフは受講者の案内をしています。

私はスタッフを呼び、「なんでやってないの？」と叱責し、スタッフは「あれ？ やったのになぁ……」となるわけです。


後述しますが、ディズニーランドには「毎日が初演」、ユニバーサル・スタジオ・ジャパンには「世界最高をお届けしたい」というそれぞれの在り方の基準が定められています。

これは清掃にも当てはまります。すべてのキャスト、クルーは研修で「毎日が初演」、「ワールドクラスのクオリティを保つ」の定める清掃の在り方を学びます。しかし、一度の学びで完璧が保たれることはありません。

日々フォローアップしていくのは現場のリーダーの役割であり、チームの中心となって現場の社員さん、アルバイトさんに発信していくべきなのです。

ところが、当時の私は「研修を受けているのだから、スタッフは全員わかっていて当然」という意識でいました。

結果、私と部下のスタッフの間では、清潔さの度合い、掃除をするタイミングなど、清掃に関する優先順位が大きく食い違っていたのです。

こうした背景を含めて再考すると、「ホワイトボード、長テーブル、椅子の汚れが気になるから、今日の△時までに〇〇〇という状態までしっかりときれいにして欲しい。なぜなら、ディズニーランドは『毎日が初演』だからです。覚えているよね？　これを達成することで、ここで学ぶすべての人が気持ちよく学びに集中できて、より良い一日を過ごすことができる。清掃にはそれだけの価値があるんだよ。頼んだよ！」がキャストに「きちんと指示を出した」と言えるレベルとなります。

つまり、スタッフや部下に指示を伝えるには、

目配り＝「あなたの仕事を見ていますよ。さらに成長していくための課題を共有しますよという姿勢」

気配り＝「この仕事のゴール（目的と目標）を明確化し、必ず伝える姿勢」

心配り＝「相手の立場に立ってしっかりと相手に向き合い、聴き、承認する姿勢」

が必要だということです。その第一歩があるからこそ、言わずともわかる、自分で考えてできるという理想的なスタッフ、部下が育っていくのです。

あなたは「なんでやってないの？」と言っていませんか？　この言葉が口ぐせのように

なっているなら、ぜひ、3章と4章のページをじっくりと読み込んでみてください。そこに熱を下げる処方箋が書かれています。

リーダーの原理原則

「なんでやってないの？」。

この言葉は、あなたと部下、あなたとチームの間に「伝え方」「捉え方」の問題が生じていることを知らせる警報です。

□ふたつ目の質問

あなたは、「ルールですから」と言っていませんか？

お客様を見たら、「いらっしゃいませ！」

お帰りになるのを見送るときは、「ありがとうございました！」

このふたつの言葉は、お客様と接する現場で仕事をしている人にとって、何も考えずに出てくるあいさつかもしれません。それくらい日常の中で口にする言葉のひとつです。

しかし、「あいさつをする」という「やり方」に意識を向けたまま繰り返していると、「いらっしゃいませ！」や「ありがとうございました！」は、感情やその場の想いが入らないまるで自動アナウンスのような機械的で形式的なあいさつに変わります。

大切なのは、**「なぜ、あいさつをするのか？」という本質＝「在り方」を再確認すること**です。

ユニバーサル・スタジオ・ジャパンに入社したとき、私に課せられていた任務のひとつは現場の接客レベルを改善し、顧客満足度を向上させることでした。

現場を歩くと、クルーたちはマニュアルのルールを守り、お客様に「ようこそ」「こんにちは」「ありがとうございます、いってらっしゃい！」と元気よくお声かけをしていきます。

ところが、お客様とのやりとりがうまくいくパターンと、いまひとつうまくいっていないパターンが見受けられました。クルーたちは、お客様の年代や性別、あいさつをしたシチュエーションによって、うまくいく場合といまひとつな場合がある状況に悩み、どうしたらいいんだろうと困っていました。

それでも、ユニバーサル・スタジオ・ジャパンにあった声かけのルールは、その後、大きく変わっていきます。詳しくは後述しますが、その理由は「ルールに縛られることでチームがうまく機能していなかったから」です。

では、ルールそのものはいつも邪魔なものなのでしょうか？

当然、そんなことはありません。ルールは、チームを動かしていくうえで指針となってリーダーを助けてくれるものです。

スタッフからの疑問に対して「ルールだから」と伝え、「責任者を出せ」と言うお客様からの苦情に対しても「申し訳ありません。しかし、ルールですので」と言えば、その場は切り抜けることができます（もちろん、それはお客様に対してのベストな答えとは思いませんが……）。

また、スタッフにとってもルールは心強い存在です。現場で仕事をしていて、どうも現実と噛み合っていないなと感じていても、ひとまずはルールを守っていれば叱られることはありません。

そんなふうにリーダーもスタッフもルールに縛られた毎日を繰り返すうち、現場はルールに頼り、ルールを前提とした考え方が当たり前になっていきます。すると、柔軟に対応する力や積極的に自ら動く力が奪われる一方、そのルールがそもそもどうしてつくられたのかは忘れられていくのです。

リーダーは、ルールがつくられたときの「在り方」に注目する

そのルールには、必ず考えた人がいて、必要だと思った事情があります。

あるマニュアルには「お客様を見たら、3秒以内に目をみて、最高の笑顔で『こんにちは！』と声かけしましょう」と書かれていました。なぜなのでしょうか？

もしかすると、「こんにちは！」と言えないスタッフがいて、お客様から苦情が続き、

そのときのリーダーが「お客様を温かくお迎えするために、まずは、圧倒的にウェルカムという姿勢をお客様に見せよう！　そのためには、具体的な数値とわかりやすい状況をスタッフに示す必要があるよね。よし、ルール化しましょう」と提案したのかもしれません。

ところが、ルールがつくられたときの「在り方」は定期的に現状と照らし合わせて再確認し、リーダーが部下に伝えていかなければ、現「場」に伝承されずに薄れていきます。

すると、お客様へのホスピタリティでやっているはずの「やり方」がおかしなことになり、疑問の声には「ルールですから」と対応するようになってしまいます。


たとえば、「お客様がいらっしゃったら3秒以内で…」というくだりにこだわり、どんなに忙しい時間帯でもお客様が入ってきた3秒以内にあいさつをするものの、忙しさのあまり言葉が乱雑になったり、誰に対して言っているのかわからないような状態になり、目的を見失った行動になることもよくある話です。

しかし、そんな状態に対する疑問の声にも「ルールですから」とスタッフ同士でも都合のよいルールをつくり出してしまうこともよくあるのです。

「ルールですから」というセリフは思考停止と同じ言葉であり、とても使いやすいのですが、とても怖いことです。この思考が停止する状況を繰り返してしまうと、それがひとつのクセになります。

あいさつをするという「やり方」の背景にある「在り方」は、どんなものだったのか。その在り方を思い出すことを邪魔するのも「クセ＝自分自身がつくり出すパターン＝習慣」ですし、逆に思い出しやすくするのも日頃からの良いパターンの「クセ」です。自分自身の「クセ」のパターン、スタッフの「クセ」のパターンに気づき、在り方に思いを馳せることが、現場を束ねるリーダーに課せられた仕事のひとつなのです。

この本を読み進めていく上で、是非とも自分自身のパターンという「クセ＝習慣」も意識してみてください。

リーダーの原理原則

「ルールですから」。

この言葉は、あなたとチーム、あなたとお客様の間にある問題に蓋をし、思考停止になっているサインです。

「ルールですから」は思考停止

□3つ目の質問
あなたは、「まだ本気を出していないだけ」と思ったことはありませんか？

例えば、あなたに何か新たに始めなければならないことがあったとしましょう。

業務上必要な語学の学習でも、ダイエットでも、ランニングでも、何でもかまいません。やらなければならない理由があり、やった方がいいことも理解しているのに、どこか面倒で乗り気にならない。そこで、「明日から始めよう」と先延ばしにしてしまう。

こうしたことは、よくあることです。

しかし、時間は残酷です。「明日から始めよう」を6回繰り返すと、1週間はすぐに過ぎてしまいます。すると、1週間前の「やろう」という思いは薄れていき、学ぶことそのものをやめてしまうこともめずらしくありません。

あなたが現場のリーダーとして部下に接しているとき、「今はまだ準備ができていませんが、本番は大丈夫です」というセリフを聞いたら、どう感じますか？

私の場合、ディズニーランドでも、ユニバーサル・スタジオ・ジャパンでも、似たような言葉をクルーから聞くと、「今できないことが、なぜ、本番でできると言えるのか？」と不安になっていました。たいていの場合、その不安は的中し、準備していないクルーは本番でも準備不足を露呈していたものです。

「明日から始めよう」という先延ばし、「本番は大丈夫です」という楽観に共通しているのは、変化を恐れ、自分を安全圏に置いておく感覚です。

もし、失敗しても「努力しなかった」という原因がはっきりしているので、逆に「次は大丈夫だ」と思えます。しかし、こうしたごまかしは成長のスピードを遅らせるだけでなく、遠からず「どうせ、自分はやってもできない」もしくは、「いつか、時間があったらやるし、本当に必要に迫られたらできる」という思い込みにつながっていきます。

なぜなら、あなたが考えていること、あなたが口にした言葉を一番身近で受け止めているのは、他でもないあなた自身だからです。

周囲にいる多くの人はごまかすことができても、最後のひとりはごまかせません。そのひとりは自分自身。あなたが言ったこと、思ったことはあなたにフィードバックされ、現実化します。先延ばしや楽観の繰り返しは、結果的に「どうせ、自分は」というマイナスのスパイラルにつながります。

なぜなら、思考は現実化してしまうからです。

「どうせ、どうせ」とあきらめる自分をつくっているのは誰でしょう？

もし、あなたが、「まだ本気を出していないだけ」と自分をごまかしたことがあるのなら、できるだけ早く自分自身と向き合う時間を持ちましょう。

「これからは○○についてしっかりとやっていく」と具体的な内容を決意し、声に出して自分自身が自分と約束すること。自分が自分自身に心を決めると、決断することができます。

そのためにも、まずは自分の「口ぐせ」「思考のクセ」「行動のクセ」「感情のクセ」を見直しましょう。そこにごまかしや甘え、先送りのクセが定着しているなら、要注意です。

そのまま放置したとき、誰が一番傷つくでしょう？　誰が一番自信を失うことになるでしょう？　「どうせ、どうせ」とあきらめる自分をつくっているのは誰でしょう？

すべて自分です。

だからこそ、私たちは定期的に自分との対話、コミュニケーションの時間を持つ必要があります。その仕組みを業務のなかにうまく組み込んでいるのが、ディズニーランドやユニバーサル・スタジオ・ジャパンです。まさに、仕事自体が人財育成、人財開発の現場になっているといっても過言ではありません。

そのやり方については4章、5章で詳しく解説します。

そのエッセンスだけを取り出すとしたら、こんな原理原則になります。

「人財育成とは、自分の中にある悪しき習慣を断ち切り、良い習慣に書き換えること」

まさにこれは、自分自身の成長に当てはまります。

自分の中にある悪しき習慣＝「まだ本気を出していないだけ」に気づき、「目的意識を強く持ち、今できることからすぐに始めること」です。そうやってあなたの「クセ」を良い習慣に書き換えていきましょう。アマチュアは気分や感情に流されやすく、プロフェッショナルは成果にこだわるのです。

人財育成とは
悪いクセを書き換えていくこと

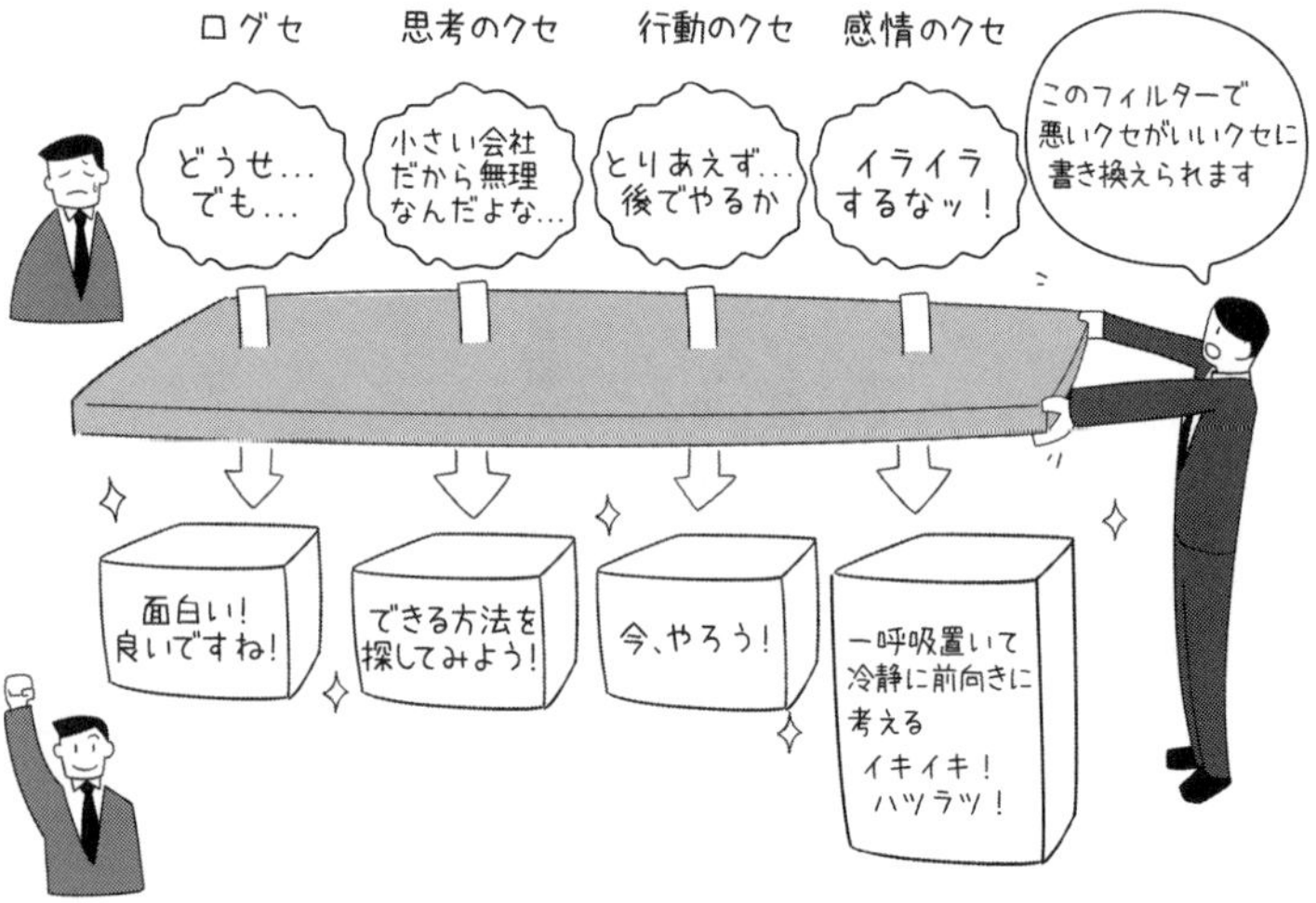

☑ リーダーの原理原則

「まだ本気を出していないだけ」。

こうした思考は、あなた自身の逃げと甘えのサイン。

悪しき習慣を断ち切ったとき、成長が始まります。

2章

最強のリーダーになる4つのステップ

リーダーの抱える疑問に答えを示しながら部下、チーム、あなたを変える

2章は本書の取扱説明書です。

読み進める際、どこに意識を合わせると、より伝わっていきやすいかを考え、3章以降の章立てのポイントと、本書で私が大切にしている考え方を説明していきたいと思います。

まず3章では、「あなたと部下の関係」（二人称）に焦点を当てていきます。

先ほどの「お前、なんでやってないんだよ」という口ぐせに象徴される、伝え方、教え方のすれ違い。コミュニケーションの質の問題など、どうして部下があなたの思うような働き、成果を見せてくれないのか。

そうした悩みの原因と解決策について、現場のリーダーが取るべき原理原則とともにお伝えしていきます。

続く4章は、「あなたとチームの関係」（三人称）について考えていきます。

現場のリーダーは、年齢やキャリアの異なる複数の部下、スタッフを指揮することにな

ります。彼らをひとつのチームとしてまとめ、出すべき成果に向けて力を引き出していくこと。これはどんな職種でも変わらぬ、リーダーの役割です。

一方で、チームがうまく動かない、メンバー間のコミュニケーションがギクシャクしている、目標に向かっていく一体感が生まれない……など、リーダーシップに関する悩みは尽きません。

その点、ディズニーランドやユニバーサル・スタジオ・ジャパンの現場のリーダーをはじめ、さまざまな業種業態の現場のリーダーの中にも、アルバイトのスタッフをまとめ、国内でも有数のサービスを提供することに成功している人たちがいます。そこにはどのようなマジックがあるのか。あなたとチームの関係をより良いものに変えていく原理原則を紹介します。


5章は、「あなたとお客様の関係」について、ディズニーランドとユニバーサル・スタジオ・ジャパン、そして私自身が人財育成・人財開発トレーニング講師、コンサルタントとして多くの企業と関わる中での経験をふんだんに交えながら、見つめていきます。

お客様に心から喜んでいただけるサービスとは、どういうものか。丁寧なマニュアルを用意すれば、サービスの水準は上がっていくのか。

顧客満足度が高く、リピーターが途切れることのないディズニーランドでは、ゲストに対してどのようなサービスが行われているのか。また、低迷期からV字回復を果たしたユニバーサル・スタジオ・ジャパンが、その過程でお客様への対応方法を大きく変えた理由とその方法とは……。

ディズニーランド、ユニバーサル・スタジオ・ジャパンでの私自身の経験談をベースにしながら、特別な組織、飛び抜けて優れたリーダーだからできるのではなく、どこでも再現可能な手法を紹介していきます。その過程で、1章であなたに問いかけた『「ルールですから」と言っていませんか？』の答えも明らかになっていきます。

あなたの発する言葉を一番身近で聞いている人は？

締めくくりとなる6章では、「あなたとあなた自身の関係」（一人称）を掘り下げていきます。

私には、大学の講義や各種経営者団体の勉強会、企業研修や講演の際、聴衆の皆さんに向けて必ずしている質問があります。

それは「あなたの言葉を一番近くで、一番多く聞いている人は誰ですか？」という問いかけです。

答えは「自分自身」。

つまり、あなたです。

「疲れた」「やる気が出ない」「あいつら、本当に使えない」「客が多すぎてイライラする」「この給料じゃやってられない」「会社はちっとも現場のことがわかっていない」など、ネガティブな呟きは、一番近くで聞いているあなたのメンタルをじわじわと確実に蝕んでいきます。

一方、世にある自己啓発書が、古典と呼ばれる1冊から現在に至るまで、必ずポジティブなメッセージを発信しているのも同じ理由からです。ポジティブな言葉を口にすることが、前向きな視点で自分の言動を振り返り、考えを深めていくきっかけになります。

一番近くで聞いている自分を鼓舞する言葉は、他ならぬ自分自身のメンタル、考え方、物事の捉え方もゆっくりと着実に成長させ、モチベーションを上昇させてくれます。

6章では、こうした視点から仕事のやり方、向き合い方、対人関係の捉え方など、あなたがあなた自身の内面とポジティブな対話を深められるような原理原則を紹介していきます。目指すべき理想を描き、でも今は……という現実を知り、理想へ近づく方法を見出していきます。

「部下」「チーム」「お客様」「自分自身」あなたの抱える悩みの人称にこだわる理由

章ごとに「部下」「チーム」「お客様」「自分自身」と悩みの人称にこだわっているのは、意識のズレを防ぐためです。大切なのは、あなたが関わり合っていく相手を常にイメージすること。目の前の部下ひとりとの対話とチームへの働きかけは、同じコミュニケーションであっても質が大きく異なります。それは、お客様に対する考え方、接し方、自分自身との対話でも同様です。

目の前の部下の言葉に耳を傾けるようにお客様のクレームを聞いても双方の意識はズレていき、チームに向けた叱咤激励を自分自身に発しても効果は上がりません。それぞれが、それぞれに最も響く方法があるのです。

ですから、本書では章ごとに「部下」「チーム」「お客様」「自分自身」と悩みの人称にこだわっていきます。

例えば、私は「チームが思うように動いてくれない」と悩む現場のリーダーの方と話をするとき、ロールプレイングゲームの例を出すことがあります。

「ドラゴンクエスト」や「ファイナルファンタジー」といったゲームの話です。

最近は、人財育成業界でもゲーミフィケーションというジャンルも流行りをみせていますが、私もある意味ゲーム感覚で仕事をすることもひとつの視点として必要だと思っています。

その狙いは、相手と目線を合わせ、意識のズレを防ぎ、抱えている悩みの本質に気づいてもらうきっかけをつくり、熱中して楽しみながら仕事をするためです。

今、現場のリーダーとなっている世代の多くは子どもの頃からテレビゲームで遊び、一度はロールプレイングゲームに親しんだことがあるからです。私も例外ではなく、「ドラゴンクエスト」に熱中した時期があります。

ですから、ロールプレイングゲームと言えば……という例えがズレなく伝わるのです。

ロールプレイングゲームでは、プレイヤーは主人公に成り代わり冒険を通じて経験値を積み、レベルを上げ、ラスボスを倒し、エンディングを迎えます。そのいいところは目的が明確な点です。

ラスボスを倒すため、モンスターと戦い、自分を磨き、魔法使いや僧侶、戦士といった仲間を集め、チームを組み、目的に向かっていきます。少々遠回りだからといって弱い敵を繰り返し倒す手順を踏まず、レベルを上げないままひとりで突き進んでもクリアできません。

現場のリーダーとの間で、この暗黙のゲームのルールが共有されていれば、私がこんな風に伝えると、「なるほど」と納得してくれます。

「今の状態を聞いたところ、○○さんはひとりでラスボスに立ち向かっちゃっている感じがするんですよね」

「しかも、無謀にひとりで戦いながら、うまくいかないと『あー、ダメだった』と落ち込んでいる。でも、そこは落ち込む必要ないですよね？　最初から負け試合を挑んでいるようなものですから」

「ドラクエでは、夜も寝ないで地道に経験値を積み上げて、自分と仲間を磨いていったのに、なんで仕事では同じことを試してみないの？　1回、チームを鼓舞したから、それで全員が同じ方向を向くなんて、リーダー側の勝手な思い込みですよ」

意識のズレのないスタート地点に立つために

ここで相手が納得して、自分の問題点に気づくことができたら、そこからが私の本当の仕事→**志事**です。

ちなみに、この「**志事**」という表記にもこだわりがあります。

私は、仕事について4つのレベルがあると考えています。詳しくは3章でも述べますが、レベル0と言える仕事への取り組みは「**死事**」。何も考えずに、ただ作業的にこなしている状態です。

レベル1の仕事は「**私事**」。自分の興味関心の向いたものにだけ力を発揮している状態です。続くレベル2の仕事が、いわゆる「**仕事**」です。言われたことはキチンとやりますが、広がりはありません。

そして、レベル3の仕事が「**志事**」となります。なぜ、この仕事が必要なのかを考え、志を持って事を成す状態です。

現場のリーダーが志事をするようになり、チームを構成するメンバーに「志事とは何か?」と語りかけられるようになれば、状況は大きく変化し始めます。そうなったとき、「人材」は「人財」になるのです。そんな思いも込めて、本書では必要な場面では、仕事を「志事」と表記していきます。

さて、どうすればチームの雰囲気を変えることができるのか。同じ方向に向かって歩み出すことができるのか。望まれている成果を上げることができるのか。そこにはゲームをクリアに導くまでの攻略法と同じような原理原則（仕組み）がもちろんあります。

問題点だけでなく、課題点に気づき、共有するという意識のズレのないスタート地点に立つことができれば、その先は**一定の原理原則に則っていけば、成果が出ます。**

そこにはリーダー個人の資質の差や部下の能力の差は関係ありません。もちろん、ディズニーランドだからできる、ユニバーサル・スタジオ・ジャパンだからできるといった環境や会社規模の差もありません。

本書の構成はシンプルです。

①あなたに問いかけながら、今、困っていること、悩んでいることの本質を探ります。
②続いてその打開策、解決策となる原理原則をお伝えしていきます。
③原理原則はあなたと部下の関係からチーム、お客様と広がっていきます。

④最後はあなた自身をレベルアップさせる自分自身との対話へ。

読み進めるうち、波紋が広がるように、あなたの影響力が伝わる範囲も大きくなっていくはずです。

3章

部下が変わる！
リーダーの原理原則

□質問

「わかりました」と答えたのに「わかっていない」部下。どうしたら本当にわかるようになるのでしょうか？

指示は常に伝えること。情報には鮮度があること。

これは私がディズニーランド、ユニバーサル・スタジオ・ジャパンという2大テーマパークや一流ホスピタリティサービスの現場でリーダーとして仲間とのコミュニケーションを重ねた後、経験則として獲得した原理原則です。

例えば、リーダー側のいらだちのひとつに「この間も言ったよな……問題」があります。私も現場で何人ものアルバイトさんに指示を出す立場になった当初、同じ問題に頭を悩ませていました。

「どういうふうに対応するか、この間も説明したよね？」

「ここを整理整頓するように、昨日、言っておいたよね？」

対応の仕方を説明しておいたのも、整理整頓するように指示を出していたのも事実です。

しかし、目の前の現実として、仲間であるアルバイトさんは対応の仕方に迷い、お客様を不安にさせ、きれいに整えられているはずだった現場のバックヤードは雑然としたまま……。

「たしかに、言ったし、『わかりました』『やっておきます』と答えていたのに」と。

仲間に対して仕事に関する指示、自分の考え方などを伝えたはずなのに、うまく伝わらない。このモヤモヤの原因は、伝える側であるリーダーのふたつの勘違いにあります。

ひとつ、指示は常に伝え続けなければいけません。ところが、伝える側は一度、伝えて、相手が「わかった」と言ったら、伝わったと理解してしまいます。そして、その伝わったが、半永久的に伝わっている状態として保たれると考えがちなのです。

ところが、指示を受ける側にとっては「この間」も「昨日」も、「今日」ではありません。その場では指示を理解し、「わかりました」「やっておきます」と言っても、次の瞬間に別の仕事に向かわなければならないとなった場合、あなたに対する「わかりました」「やっておきます」は鮮度が下がった古い情報として棚上げされてしまうこともあるわけです。

「今、ここ」に現場のスタッフは集中しています。「今、ここ」なのです。

つまり、指示は一度、伝えたらＯＫではないということ。伝える側にとっては「また言うのか」と感じるくらい丁寧に、常に現場は生きていて、状況は刻々と変化しているという前提のもと、**「指示は必要があれば何度でも、丁寧に言うこと」**が大切です。

この原理原則を忘れてしまうと、若き日の私のように「昨日は『うん!』って言ったのに、なんでやらないんだ!」という、伝える方も言われる方も不幸せな気分になるコミュニケーションを繰り返すことになります。

コミュニケーションに伝える側の責任、受け取る側の責任があるとすれば、伝える側には「相手が自分の言ったことをしっかりと受け取っているのかどうかを確認する責任」があります。伝えっぱなしになることは責任を果たしていないということになるのです。

あなたは、かぴかぴになった握り寿司を手に取りますか?

もうひとつのリーダーが犯しがちな勘違いは、あなたの出した指示や考え方が常に最適だという思い込みです。

私はよくこんな例え話をします。回転しているお寿司屋さんに行ったとしましょう。あなたの前に、かぴかぴになったまぐろの握りの載った皿が流れてきました。

まぐろを食べたいと思っていたとして、あなたは皿に手を伸ばすでしょうか？　きっと皿のことは見逃して、レーンの中にいる板前さんに「まぐろの握りをください」と頼むはずです。そうすれば、食べたいタイミングで、鮮度のいい握りが「はい！　お待ち！」と出てきます。

これが**「情報には鮮度がある」**という原理原則です。

あなたが良かれと思って出した指示、伝えたアドバイスも受け取る側の準備が整っていなければ、寿司皿のネタのようにレーンを回り続けることになります。

その間に指示を伝えた時点とは状況が変わり、情報の鮮度は落ち、役立つはずのアドバイスも的はずれなものになってしまうのです。

ところが、ネタを出した側は「おまえの目の前に、輝く赤身の、鮮度のいいまぐろを出したはずだ」と思っています。この感覚のズレが、伝えたはずなのに、伝わらないというすれ違いを生み出します。

先ほど、指示は丁寧なほど常に伝えるべきだと書いたのも同じ理由からです。

人は食べたいときに、いい鮮度のものを口に運びたいという欲張りな生き物です。同じように、いいアドバイスも受け取る側の状況によって聞き流されることがあります。情報の鮮度を新鮮なままに保つため、最適な方法は常に言い続けることなのです。

改めて「今、ここ」に現場のスタッフは集中しています。「今、ここ」に最高の鮮度が存在するのです。

リーダーの原理原則

情報はすぐに腐る。だから指示は常に新鮮なものにしておこう。

情報はすぐに腐る

気持ちを込めて
1ヶ月前に
握りました。
どうぞ!
うっ
腐ってる
なんだか
臭うね
日々の情報の
流れ
目標
命令
目標
理念
旬のもの
報告
会議
書類
提出
返信
メール
飲み会
電話
対応
(意識)
部下が選択した業務
この情報って
何だったかな?
カピカピに…
(情報が旬のもの)
新鮮なもの
からいただきます。

□質問

新人がなかなか伸びません。教え方が間違っているのでしょうか？

現場のリーダーの大きな仕事のひとつが、スタッフを「教え、育てる」ことです。

では、教え、育てるとはどういうことでしょうか。例えば、目の前の業務を回すのに必要なスキル、チーム全体の動きに支障をきたさないために不可欠なルールを伝えるのも教え、育てることになります。しかし、それは一部に過ぎません。

ところが、私たちはこの目の前の業務を回すために教えることにこだわりすぎてしまうことがあります。現場のリーダーとして、いち早く新人に育ってもらい、チームの戦力になってもらいたい。そう考えるのは自然なことです。しかし、その思いが強いあまり、いつの間にか、やるべきこと、覚えなければならないことをマニュアルに沿って、機械的に伝え始めてはいないでしょうか？

これは決して悪いことではないのですが、この状態が行き過ぎてしまうと、伝える側（リーダー）主導で相手の反応を見ずに伝えてしまう現象が起きます。そのとき、教え、育てられているはずの新人スタッフのマインドはどのような状態になっているか、想像してみましょう。

彼らは新しい環境に触れ、緊張もピークに達しています。リーダーからは次々と耳慣れない言葉、独自のルール、専門用語の数々が、まるでシャワーのように放たれます。その言葉を追うことで目一杯になっているところで、リーダーからこう確認されるのです。

「今までのところ、わかった？」

この魔法の言葉に対して、新人スタッフはどのような返事をするでしょうか。本当は言われたことの半分くらいしかわかっていなかったとしても、十中八九「はい、わかりました！」と答えます。

なぜ、このように答えるのでしょうか。

それは、簡単です。

新人スタッフは、自分のことを能力が低い、ダメな奴だとは思われたくないと恐れています。一方で、決められた時間の中でリーダーが熱量を込めて教えてくれたことは理解しています。

そんな状況で、正直に「わかりません。もう一度初めから教えていただいても良いでしょうか？」と言える人はひと握り。多くの新人スタッフは、教えてもらう、育ててもらう過程で「聞けない壁」にぶつかっているのです。

聞けない壁を乗り越える4つのステップ

現場で必要となるスキル、チームの動きに支障をきたさないよう不可欠なルールを伝えるのは、とても大切なことです。しかしながら、もっと大切なのは新人スタッフを人財となるよう「育てる」ことです。

育てるためには、相手がしっかりとあなたの伝えたことの意味や価値を理解した上で、実践行動につなげていくことが欠かせません。ところが、多くの現場のリーダーは教えることに注力し、育てることを疎かにしてしまいがちです。

つまり、「部下がなかなか伸びません」「教えたのに、なぜできない？　どうしてやらない？」といったリーダーの嘆きの原因は、育てることを疎かにした結果だと言えるのです。

もし、スタッフが「聞けない壁」にぶつかっていると感じられたなら、ぜひ、次の４つのステップを試してみてください。

①.説明する

①-1　なぜこれをやるのかという理由を説明する（ゴールまで明確にする）。

①-2　現状を確認する（新人の状況《知識、マインド、心構え、何か不安を抱えていないか、強みはなんだろうか、など》を傾聴して確認する）。

①-3　具体的なやり方をしっかりと言葉で説明する（ポイントをおさえて）。

②.まずはリーダーが自分でやってみせる（ペースは新人が覚えられるスピードで）。

③.相手に実際にできるまでやってもらう。承認を忘れずに。

④.立ち会いながら、1から3の中でどこが良かったのか相手をほめ、そしてさらに成長するとしたら、どのような課題があるのかを明確に伝える。成長要求がポイント！

これは日本海軍の山本五十六さんの「やってみせ、言って聞かせて、させてみて、ほめてやらねば、人は動かじ。話し合い、耳を傾け、承認し、任せてやらねば、人は育たず」と同じステップです。現場のスタッフに動いてもらうためには、相手にあなたの意図と業務の内容が伝わっていなければなりません。

なぜなら、その意図が伝わらなければ手段（やること）が目的になってしまい、本来の狙い（意味と価値という目的）からは確実にそれていってしまうからです。

大切なのは、明確な目的を意識して相手にやり方を見せ、口頭でしっかり説明すること。立ち会いながら相手ができているかどうか承認し、さらなる成長課題は何なのかを明確にし、試してもらうことです。


改めて言われるまでもない「キホンのキ」だと思われたかもしれません。

しかし、何かと慌ただしい仕事の現場では、相手の目を見もせず、詳しい説明は省略して、自分でやってみせることもなく、マニュアルとともに丸投げし、言った通りにできていないことに気づくと「なぜ、やらないんだ！」と叱りつけるような事態が起きています。

これでは、現場のスタッフを動かすことはできません。相手に、あなたの考えていることと、してほしいことが伝わっていないからです。

ここでも「**指示は、丁寧すぎるほど常に伝えること**」が役立ちます。

病院に行き、あなたを診察する医師がこちらの目を見もせず、詳しい説明は省略して、「薬を出しておきますね」で切り上げたら、どう感じるでしょうか。

忙しさから指示をあいまいにしか伝えないのは、単なる伝え手の怠慢です。コミュニケーションの責任は、常に伝え手側にあります。

人を育てる4つのステップ

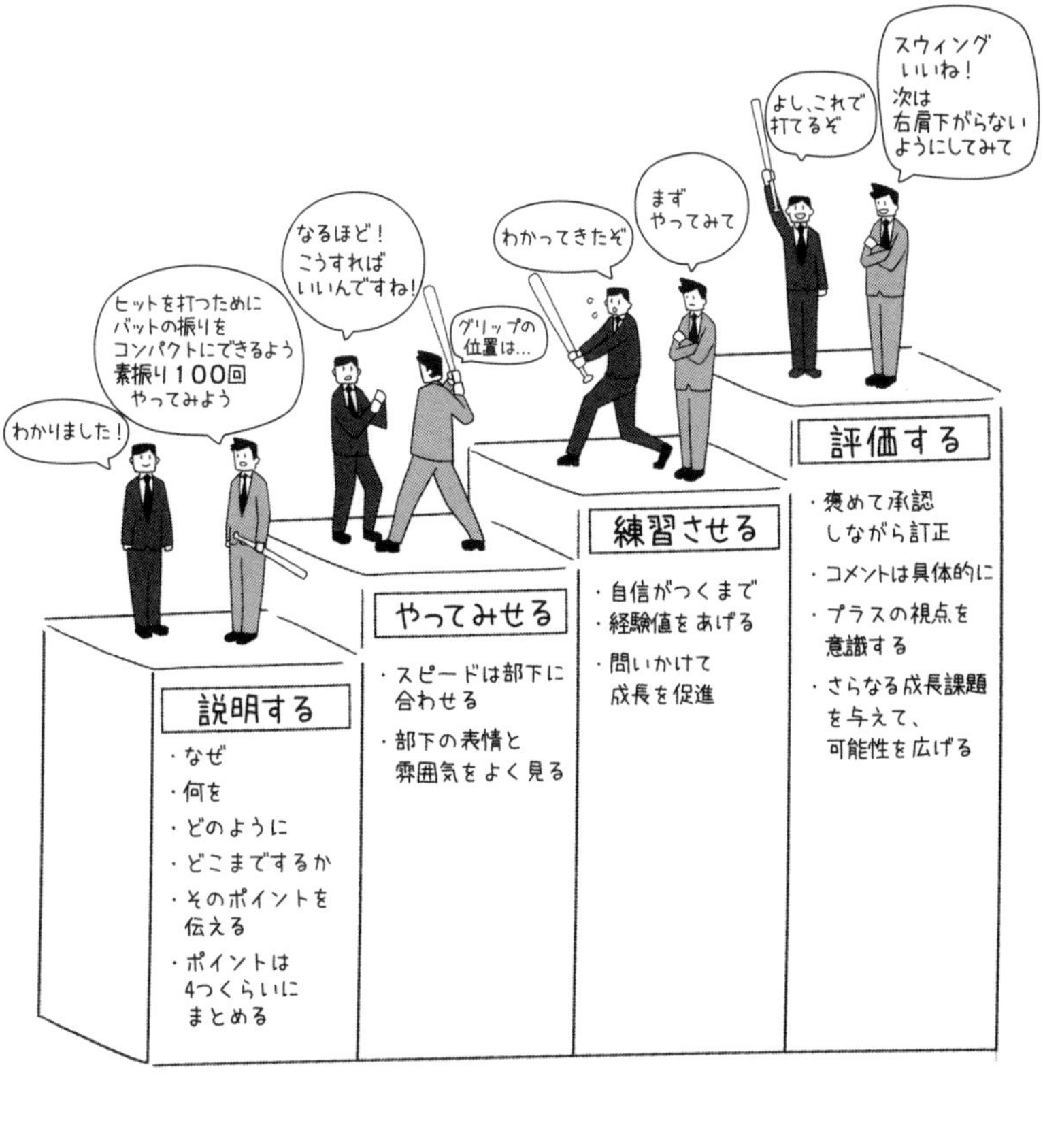

言う通りにできなかった方が悪いのではなく、伝えきれなかった方に問題があるのです。リーダーとして部下を「教え、育てる」立場に立ったなら、伝える（教える）側として、相手の立場に立ち、相手が納得するまで付き合い、わかる状態からできる状態まで導くこと。そのためのコミュニケーションを担っているのだと意識することが大切です。

「伝える」以上に、「伝わっているか」という視点を持ちましょう。

難しいことは何もありません。４つのステップを忠実に守れば、スタッフに何かを教える段階はスムーズにクリアできるはずです。

リーダーの原理原則

指示するときは、なぜやるか（目的）、どこまでするか（ゴール）を明確に。

□質問

「指示待ち」の部下。自分の頭で考えて動くようになるにはどうしたらいいのでしょうか?

スタッフに対して物事をうまく伝え、教えられるようになっていく段階で、リーダーは次の悩みにぶつかります。それはスタッフがリーダーの指示を待って行動するようになる、「依存」の状態です。

疑問が生じれば、「リーダー、教えてください!」と聞いてきてくれるわけですから、悪い気はしません。ただし、依存状態が行き過ぎると、リーダーは自分が慌ただしくなったとき、その失敗に気づかされます。

指示待ちを続けるスタッフを前に困惑し、「自分で考えろよ」「自分で動かなきゃダメじゃないか」という言葉で責めることになるのです。

この依存の状態には、ふたつのパターンがあります。

ひとつは、ただただ相手を頼ってばかりの「**ぶらさがり依存**」。もうひとつは、積極的に学び、成長したいという姿勢の表れとして相手を頼る「**積極的依存**」です。

ぶらさがり依存に陥ったスタッフは、窮地に追い込まれると「だって、こう言われたから」「本当はやりたくなかった」「こんなのはじめからできるはずないじゃないですか」と後出しジャンケンのような発言をし始めます。責任をリーダーや周りのスタッフ、環境などに押し付け、自分を正当化し、守ろうとするのです。

一方、積極的依存の状態にあるスタッフはうまくいかないことがあったとき、リーダーや周りのスタッフに聞きながら解決策を見出そうとします。

なぜならば、積極的依存の人は、自分が目指す理想の姿を目指し、情報を取ろうという姿勢があるからです。

そして、そんなスタッフは、まさに「好きこそものの上手なれ」を体現しているような存在へと成長していきます。誰に言われることなく、自らが積極的に行動しようとするのです。この状態のことを「**自立**」といいます。

つまり自立したスタッフは、リーダーの「自分で考えろよ」「自分で動かなきゃダメ」という言葉を自分に対する叱咤激励、成長するための課題と捉え、何らかの答えを出そうとしてくれるのです。

「だからダメなんだ」という口ぐせ、空気感を破ったロマン語り

では、どうしたら、そのような積極的依存の状態になるのでしょうか。

そのために欠かせないのは、あなたがリーダーとして自分たちの携わっている志事の意味や価値、面白さ、醍醐味、すばらしさを語っていくことです。

私はこうしたリーダーの志事を「**ロマンを語る**」と捉え、よく現場のリーダーに対して「ロマンを語っていますか？」と問いかけています。すると、きょとんされることも少なくありません。なぜなら、朝礼で会社の理念を唱和することはあっても、なかなかリーダー自身が自らの体験を通した言葉で、ロマンを語ることはないからです。

しかし、仕事の意味や価値、面白さ、醍醐味、すばらしさを語ることは、育てる側の責任でもあります。

例えば、私がディズニーランドを運営するオリエンタルランドからユニバーサル・スタジオ・ジャパンへと移ったときのことです。ちょうど業績は低迷し、新聞などでネガティブな報道が行われたこともあり、現場の雰囲気は沈んでいるように感じられました。

実際、私が接したあるクルーは、来場したゲストからディズニーランドと比べられ、

「もっとこうしたら」「だから、ダメなんじゃないの」といった言葉をかけられたことで悩んでいました。

そこで、私は次のようにユニバーサル・スタジオ・ジャパンのロマンを語りました。

「ディズニーランドは夢と魔法の国。ゲストを現実から非現実の世界に迎え入れます。しかし、ユニバーサル・スタジオ・ジャパンは違う。私たちUSJは「非日常を演出するエンターテイメント空間」、ユニバーサル・スタジオという映画の撮影所に遊びに来てもらっています。

ゲストには映画と、そのセットの世界を楽しんでもらう。ディズニーとは違うエンターテイメントの世界で、私たちはもっと自由に、アメリカ人のコミュニケーションに似ている、陽気でフレンドリー、そして情熱的にパワフルに表現してもいい!! 自分のキャラクターを出しながら、ゲストに接していきましょう」。

このように仕事の意義や価値、醍醐味、すばらしさを語ることは、すなわち「仕事の目的」=「志事とは何か」を思い出してもらうことになります。現場のリーダーは自分の言葉でロマンを語りましょう。それが、自ら考えて動くスタッフを育てる第一歩となります。

日々の業務の中にも、たくさんのロマンがある

より身近な例をあげると、ディズニーランドで人財開発や現場のリーダーを務めていた時代、こんな形でのロマン語りでチームの士気を盛り上げたこともあります。

混み合った週末や夏休み期間中、あるいは炎天下や雨の日など、悪条件が重なることで、せっかくのディズニーランドで険悪な雰囲気になってしまうカップルは少なくありません。ある日、私はジャングルクルーズのキャストに向けて、「**ケンカ中のカップルを笑顔にしよう**」「**冒険（クルーズ）を終えて、アトラクションを後にするとき、最高の表情にさせよう**」と語りかけました。

そして、ジャングルクルーズのアトラクションを待つ列の中に険悪な雰囲気のふたりを見つけたら、「60分後、アトラクションを終えたふたりがまだケンカしていたら、俺たちの負け。ふたりが仲良く手を繋いで次のアトラクションに向かったら、勝ち」というゲームを始めたのです。

やる気になったキャストたちは、まず列の待ち時間が少しでも短くなるよう、ゲストを呼び込むキャストと列の管理を行うキャストが協力し、60分待ちを10分短縮。また、列の途中でキャストが声かけを行うなど、カップルの気分を変えるよう仕掛けます。当然、ジ

ャングルクルーズの船長はいつも以上のテンションでジャングル探検を案内し、ゲストの気持ちを盛り上げます。

そして、アトラクションの後、カップルが笑顔になったかどうか、ゲストコントロールキャストが確認。「笑顔です！」「手を繋いでいます！」という報告が入れば、それはチームにとっての小さな成功体験になります。

一度、感じ取った喜びはキャストの中に確かな経験として残り、その後はリーダーのあと押しがなくとも、ゲストを笑顔にする志事を追求してくれるようになります。

このように、リーダーはスタッフが積極的依存の状態になるよう、常に仕事の意味や価値、ロマンを語り、自立状態に導いていきます。スタッフがチャレンジした結果、思うような成果に繋がらなかったとしても、きちんと承認し、次なる成長へとつながるように、愛あるフィードバックをしていかなければなりません。

その経験がスタッフの成長を促し、チームで活躍できる人財へと育つキッカケになるからです。そういった人財が育つと、まさに「戦えるチーム」の基礎ができあがってきます。

この状態が「**自律**」です。

健全な成長の5つのステップ

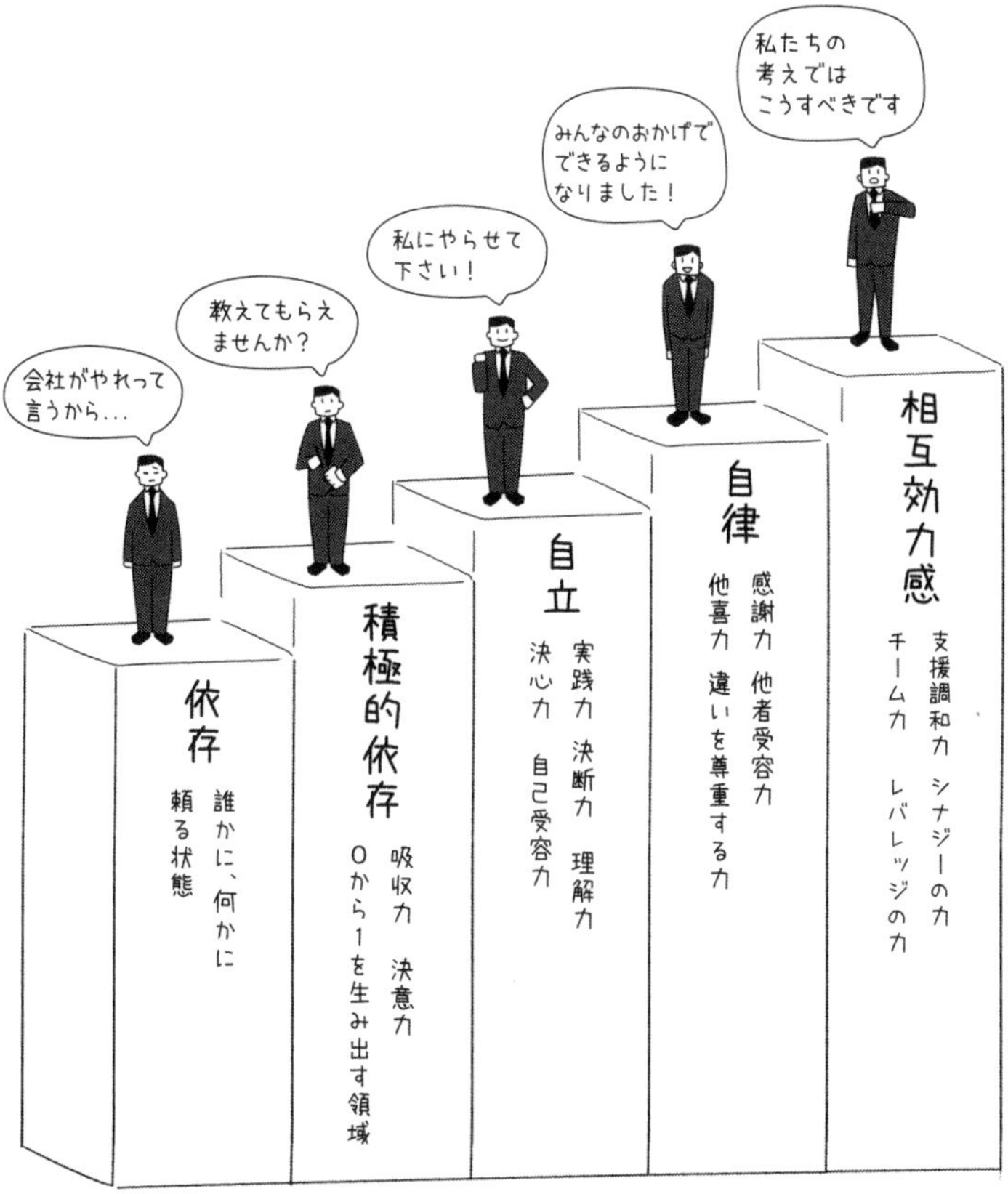

さらに、チーム全体で大きな成果をつくり出すためには、「自立」から「自律」、「**相互効力感**」への成長が必要になります。この項目について次の4章で説明します。

リーダーの原理原則

どんなすばらしい未来があるのか、自らの体験を通してロマンを語ろう。

□質問

経営理念を唱和するだけで、部下にはまったく浸透していきません…。

ロマンを語り、スタッフを教え、育てることのできる現場のリーダーに共通している力が、ひとつあります。それは「翻訳」能力です。

例えば、あなたの働く職場にも、会社の掲げる理念があると思います。それはきちんと現場で働くスタッフの心に届いているでしょうか。あるいは、あなたは自分なりに理解することができているでしょうか。

じつはロマンを語るとき、その言葉を支える柱となるのは、職場を会社をつくった経営トップの理念です。実際、ソニーやトヨタ、パナソニックといった大企業でも、井深大さん、豊田喜一郎さん、本田宗一郎さんら創業者の言葉が経営理念として掲げられています。

本来、その理念は経営幹部から管理職へ、管理職から現場のリーダー、現場のリーダーからスタッフへと伝えられていくはずです。ところが、ここでつまずく企業は少なくありません。朝礼を実施して、「当社の理念は、○○の○○による○○のためなんだ。現場もそれをしっかりと体現するように！　以上！」といった唱和を行い、経営層は「伝えている」「伝わった」としてしまう。これでは現場のスタッフはイメージが湧かず、「？」マークだけが残ります。

この状態のまま経営理念を覚えたとしても、それはただ暗記した言葉になってしまいます。**「手段が目的になるとすべてのことがうまくいかなくなる」**という状態になってしまいます。

暗記した言葉を唱和することが目的になると、本来、伝えたいはずのメッセージは霧散します。現場のスタッフは覚えた言葉を自動反応的に繰り返している状態になるからです。

その瞬間、ロマンの語り手が途切れ、創業者の思う志事の意味や価値、面白さ、醍醐味、すばらしさの本質が翻訳されず、朝礼での唱和やマニュアルの中にある意味や価値（何のためにそれをするのか）が埋もれてしまうのです。

すると、現場では場当たり的な仕事の仕方が増え始めます。なぜなら、トラブルが起きたとき、サービスの仕方に悩みが生じたとき、自分自身の成長に壁を感じたとき、立ち戻る拠り所として機能するはずのロマンがアルバイトさん、社員さんに浸透しないからです。

その結果、目の前で起こった問題に意識が向いてしまい、場当たり的な対処しかできないようになってしまいます。

その点、ウォルト・ディズニーという人は、すばらしい翻訳能力を持っていました。

今から60年以上前の1955年7月17日、カリフォルニア州アナハイムでディズニーランドがオープンしたその日、現場は最高潮の混乱の渦の中にありました。開園日を守るために進められた工事は一部間に合わず、動くアトラクションはわずかで、故障も頻発。加えて、最高気温は38度まで上がり、ほんの数時間前に完成したアスファルト舗装が熱で剥がれるトラブルまで起きました。

そこに2万8000人もの人々が来園を待つ列をつくり、受け入れるキャストたちの間には動揺が広がっていきました。

そんな状況下で、ウォルト・ディズニーは、行列する車を見て感動と責任を感じずにはいられないと、現場のメンバーに語ったそうです。

今、あなたの頭の中にはどんなイメージ（世界）が広がっていますか？

あなたが、ウォルト・ディズニーとともに現場で働くアルバイトさん、社員さんだったら、何を思い、どう行動しはじめるでしょうか？

ウォルト・ディズニーの言葉で、スタッフの気づきを引き出す

その言葉を聞いた瞬間、現場のスタッフは自分たちのすべきことを思い出したことでしょう。私自身、このウォルト・ディズニーの逸話には感じることが多く、何度もスタッフにロマンを語る際、使わせてもらいました。

すると、現場のスタッフは東京ディズニーランドに集まるゲストの姿を見ながら、こんなことを思うのです。

「あーそうか。九州や北海道から自動車に乗って舞浜まで来てくれたゲストもいるんだろうな。何時間、運転したんだろう……。大変なはずなのに、パークのゲートをくぐるときはお父さんもお母さんも笑顔で、子どもたちも笑顔で、最高の1日を過ごしてもらいたいな」

まさに「すべてのゲストにハピネスを届ける」という理念が、一人ひとりの心の中で体験を伴った言葉に変わるわけです。そこで「笑顔の1日、最高の1日にするために、あなたは何を自分からしていきたい？」と問いかけます。

すると、理念を唱和する朝礼や徹底したマニュアル管理とは比べ物にならないレベルで、伝えたい思いが浸透していくのです。

現場のスタッフが行動を起こす源泉は、本人の抱いているゴールのイメージとそれに対する情熱にあります。ウォルト・ディズニーの言葉のように、「この人たちを笑顔にしたい」と思える熱量高い（情熱あふれる）翻訳によって、一人ひとりのスタッフにロマンを伝えるのもリーダーの大切な役割です。

あなたのいる現場で、リーダーはどれくらいロマンを語っていますか？

リーダーの原理原則

映像がぱっと浮かぶような言葉でストーリーを伝えよう。

□質問

「どうせ、○○だから」「やっても、どうせダメだから」。「どうせ」が口ぐせの部下にスイッチを入れるには？

私がユニバーサル・スタジオ・ジャパンに入社したのは、今から10年以上前、ちょうどオープン4周年から5周年への移行期でした。しかし、当時のユニバーサル・スタジオ・ジャパンは、メディアでもネガティブな報道がされていた時期を潜り抜けていた渦中ということもあり、来場者数もグランドオープン時から比べると減少。強い向かい風の中にありました。

そんななか、顧客サービスの改善と顧客満足度の向上を図るため、私はさっそく現場のクルーへのヒアリングを始めます。すると、スタッフの中には自信を失いながら仕事をしているメンバーもいました。

お客様に楽しんでいただきたい。ユニバーサル・スタジオ・ジャパンをすばらしいテーマパークにしていきたい。そんな思いを抱き、仕事へのやる気を秘めながらも、それをどう現場に活かしていけばいいのかわからない。そんな雰囲気がありました。

あるクルーは前向きによくしたいと強い思いで取り組みながらも、どうしていいかわからないという八方塞がりな状態から、無意識のうちに「どうせ」という言葉を発していました。

「ディズニーランドとうちは、どうせ違うから」

「そもそも、自分にはそんなスキル、経験もないし、どうせ無理ですよ」

「どうせ」という言葉の持つ負の力は強く、繰り返し口にしていると、自分を裏切り、粗末にし、持っている可能性をいつの間にか狭め、自分自身を信じられなくなっていきます。

私は取れるだけの時間を使い、「どうせ」が口ぐせとなってしまっていたクルーと「オレたちの『**志す**』ことってなんだろうね?」という話をしました。

まさにロマン語りです。

なぜなら、「どうせ」という殻に閉じこもった状態になっている相手に対して、「やる気を出せよ」「後ろ向きになってもどうしようもないよ」「『どうせ』ばっかり言っているから、成果が出ないんだよ」等々、奮起を促すような声かけや責めるような言葉をかけても効果は薄いからです。

「どうせ」の殻から出てもらうために現場のリーダーができることは、「問い」を投げかけ、当事者に考えてもらい、伝えられるロマンを熱量高く語り、未来を見て、ワクワクしながら行動を起こす手助けをすること。そして、内なる声に耳を傾けさせる（振り返る）きっかけをつくり出し、小さな成功を体験してもらうことです。

その繰り返しを通じて、凝り固まってしまった相手の心は氷が少しずつ溶けるようにほぐれていくのです。

礼儀正しい「こんにちは」からエネルギー全開の「こんにちは〜!!」へ

私は無意識のうちに「どうせ」を繰り返していたクルーに、「オレたちの志すことって何だろうね?」「私たちが独自にできることって何だろう?」「ディズニーランドではなく、うちらしくできることは何だろうね?」といった大きな問いかけを繰り返していきました。

すると、「お客様に本気でクオリティの高い喜びを提供したい」「私たちしかできない接客、お客様の心にフレンドリーに切り込める接客」「作品の枠にとらわれないお客様がビックリするような突飛なこと（ワォ～って思わず驚きの声が出ちゃうような企画）」など、志事レベルの答えがいくつも出てきました。

「どうせ」の奥には、人一倍大きな「ユニバーサル・スタジオ・ジャパンを盛り立てていきたい」というマインドがあったのです。

しかしながら、現場では依然としてゲストから、「ディズニーならばこうしてくれる」「ここはディズニーと比べて」というお声を頂戴していました。

一方、厳しい状況を変えるため、多くの現場のクルーが必死でさまざまな取り組みを始めていました。

そんななか、私たちはお客様とのあいさつを変えていくことにしました。

私がユニバーサル・スタジオ・ジャパンに加わった当時、クルーには分厚いマニュアルに加え、その時々に追加されるトレーニングなど、たくさんのルールがありました。

例えば、あいさつは、礼儀正しく「こんにちは」。お辞儀の仕方も、多くのサービス業の現場で行なわれているように、丁寧に行っていました。もちろん、これは間違いではありませんが、スタッフたちはバックヤードでは「お～、おはよ～！」と元気よく笑い合っていました。

私は、この個々のスタッフが持っているせっかくの魅力を伝えていくことができないだろうか、と考えていました。お客様には、大阪にあるユニバーサル・スタジオ・ジャパンに遊びに来ているという意識があります。ユニバーサル・スタジオ・ジャパンが志すワールドクラスのエンターテイメントを提供するおもてなしから外れたことではないはずです。

そこで、クルーやトレーニングチームの皆と話し合い、私たちしかできない接客として、「あいさつは明るく元気よく、もっとフレンドリーに、エネルギー全開で楽しみながら、大切な友だちと再会したときのように、愛を持って気持ちを伝え、クルー自身が楽しみながら思いっきりやろう！」と決めました。

「ようこそ！（ウェルカムの気持ちいっぱいで）」

「（エネルギー全開、笑顔で楽しそうに。ジェスチャーいっぱいに表現!!）こんにちは～！」

それを山びこのように誰に言っているのかわからず叫ぶのではなく、目の前の一人ひとりのゲストに届けようと行動し続けました。

結果的に、この試みは成功しました。知らず知らずのうちにできていた「前提というルール」の枠組み、無意識のうちに広がっていた「どうせ」という足かせを外せたことによって、ゲストの心を動かすことができたのです。

「どうせ」と自分を裏切っているから、自信が持てない

ハリウッドにある本家のユニバーサル・スタジオ・ハリウッドは、世界で唯一、実際に映画の撮影が行われているスタジオ内にあるテーマパークです。

訪れたゲストは心からエンターテイメントを楽しみ、ハリウッドならではの雰囲気を持ったクルーのつくり出す最高のおもてなしを心ゆくまで満喫し、テーマパークの世界観に浸っています。

現在のユニバーサル・スタジオ・ジャパンには、そんな本場の質の高いエンターテイメントに負けない、日本独自の独創的なクルーがつくり出す魔法のような瞬間があります。

その変革への小さな一歩となったのは、あいさつにおける成功体験です。

そして今、さまざまな企業でこのエピソードを伝えることで、私が担当させていただいている企業の現場スタッフの雰囲気も変わり始めました。そこで、私がスタッフ一人ひとりに伝えているのは、「どうせ」が口ぐせになった人は自分を裏切っているという話です。

ユニバーサル・スタジオ・ジャパンのようなテーマパークの現場でも、他のどんな職場

でも、そこで働き、何か貢献しようと決めたのは本人です。
ところが、「どうせ」と言うたびに、その人は自分に嘘をつくことになります。「どうせ自分はできない」（本当はやりたい、できるはずと思いたいのに）、その痛みを感じたくないと受け流すためにできない理由を探し、また「どうせ」と言い、自分を裏切りながら自信を失っていくわけです。

自信は「自」分を「信」じると書きます。自信がない人は、「どうせ」と自分を裏切り続けているから自信がありません。この負の連鎖を断ち切るため、まずは小さな成功体験を積んでもらうことです。

人の成長とは、自分の中にある悪しき習慣を断ち切り、良き習慣に書き換えることによって起こります。

「どうせ」という裏切りの言葉を使う悪しき習慣に気づき、「どうせやるなら、楽しみながら思いっきりやり切ろう！」という良き習慣に書き換えていくこと。そのチャレンジから生まれる小さな成功体験を積み重ねていくということ。そのとき現場のリーダーが果たすべき志事は、その良き習慣を前提として「あなたを信じている」という熱いメッセージ

「どうせ」と考えるクセを書き換えていく

をチャレンジしているスタッフに向き合って伝えることです。

☑ リーダーの原理原則

「どうせ」は自分を傷つける言葉。
問いかけ、関わり、小さな成功を積み上げていこう。

□質問

チャレンジできない部下。もっと積極的になってもらいたいのに…。

ユニバーサル・スタジオ・ジャパンには、「Everything is possible. Swing the bat ! Decide now. Do it now.」というマインドスローガンがあります。

日本語に訳すと、「チャレンジすれば可能性は広がる。すべては可能になる。自ら失敗を恐れず、自ら決断し、今こそ行動しよう！」という、私自身も常に肝に銘じていた大切な言葉です。

私がこのマインドスローガンの中で、特に気に入っているフレーズが「Swing the bat !」「バットを振ろう！」です。

現場のリーダーにとってこのフレーズは、スタッフ一人ひとりが「まずはバッターボックスに立てる場をつくれ」「バットを振るチャンスをどんどん用意していこう」という意味を持っています。

現場のクルーにとっては、「まずはバッターボックスに勇気を出して立ち、バットを振ろう！」ということです。

例えば、遊びに来てくれたお客様に対して、「ようこそ！」と元気よくお客様の懐に入れるようなお声がけをするのも「Swing the bat !」。**「バットを振ろう！　バットを振らなかったら、打席に立つチャンスが来てもボールを打ち返せない。決めるのは今なんだ。やるのは今なんだ！」ということです。**

現場リーダーはスタッフと1対1のコミュニケーションの中で、「バッターボックスに立たせよう。大丈夫。仲間を信じて、バッターボックスに立ってバットを振ろう。必ず何かが得られるから。バッターボックスに立たなかったら、何も起きないよ」と励ますこと。リーダーは、スタッフ一人ひとりに対してしっかりと向き合うことが必要です。

向き合うにも注意が必要です。私たちリーダーはスタッフのことを、1対20（スタッフをひとつの塊）として見てしまうことが多々あります。現場リーダーはスタッフと1対1で接しなければならないのです。20人のスタッフがいるのであれば、1対20ではなく、1対1が20組あるという形で見なければしっかりと向き合ったとは言えません。

スタッフが、小さなことでも自らがやりたいと思ったこと、やるべきだと決めたことを自分を裏切らずに最後までやり切る経験をさせることで、スタッフは育っていきます。

「自分は勇気を出してバッターボックスに立てた。そして、力強くバットを振った」

そう実感できるのは、バッターボックスに立った自分だけです。

私が伝えている原理原則の中にも、このような言葉があります。


「多くの人をごまかすことはできても、最後の一人は絶対にごまかせません。そのひとりは……、そう、『自分』だということ。自分のことだけは絶対にごまかせません」


「どうせ」と言って自分を粗末にしながら働き続けることのつらさは、他ならぬ本人が一番わかっています。

だからこそ、現場リーダーはスタッフが自分で動き出そうと決められる場を積極的につくって、後押しをしていきましょう。

目の前のスタッフが打席に立ち、バットを振ることのできる、安心安全な場をつくること。「ゲストであるお客様に、あなたの『お客様を喜ばせたい』という純粋な気持ちをあなたなりの表現で、あなたの個性を活かした声かけにして表していいんだよ。お客様はきっとあなたの気持ちに応えてくれるはず……」と。現場のリーダーとして、スタッフのためのセーフティゾーンを用意していきましょう。

「それでも怒られたら……、大丈夫、目的がブレていないのだから決して悪いことはやっていない。その時は一緒に怒られよう（笑）。でも、信念を持ってやっていることには間違いはないから。必ずお客様には伝わる。責任は俺が持つ。やっちゃって！」と。現場リーダーの声かけと行動が、スタッフのセーフティゾーンになります。

これが「どうせ」の殻を破るための場づくりになるのです。

現場のリーダーがすべき、「Swing the bat！」とは？

とはいえ、若いスタッフ、経験の浅いスタッフほど、自分の失敗には敏感です。あなたからはたいしたことに見えなくても、「失敗しちゃった。一世一代の恥だ。バットなんか振らなきゃよかった。立ち直れない」と。でも、先ほどのユニバーサル・スタジオ・ジャパンの例でのように、「ようこそ！」「（エネルギー全開で笑顔いっぱい、楽しそうに）こんにちは～!!」と声をかけて、何人かに困惑顔されるなんて、たいしたことではありません。

あの有名な大リーガーのイチロー選手だって、4割バッターとして有名になったわけで

スウィング・ザ・バット

怖くて
振れない…
三振したら
別の仕事
探してね
よーし
やってやるぞ！
バットを振ってる姿
本当に素晴らしいね！
三振しても責任とるから
ブンブン振ってきて！

す。裏を返せば、6割は失敗していることになります。つまり、「イチロー選手も10回やって6回は失敗しているんだから、俺たちも大丈夫！　がんばろう！」ということです。

だからこそ、セーフティゾーンをつくってあげましょう。そのために大事なことは、現場のリーダーがマネージャークラスとの間に立つことです。「何かあっても大丈夫」「自分が説明するし、謝罪が必要なら謝りにも行く」と。

これがスタッフを育てるために現場のリーダーが立つべき、「**姿勢＝在り方＝打席**」です。上に対して、しっかりと「Swing the bat !」してくれること。スタッフは、あなたのその姿勢を見て、安心しながら打席に立てるようになるのです。

そのときも常にリーダーは、スタッフに信頼をしてもらえるように、目的を明確にし、揺るぎない軸（＝見方、考え方、捉え方）を常に伝え、ブレてはいけません。

そして、忘れてはいけないのは行動に対する称賛です。

「**10回バット振れた！　すごいね！　どう思った？　失敗もした？　4回？　へー。それは財産だね。どんな失敗だった？　失敗談教えてよ。それが次へのステップになるから**」

単にほめるのではなく、問いの形になるように展開していきましょう。特に本人が失敗を自覚しているなら、その失敗談を共有しながら問題点を話し合うと行動の在り方の軸を一緒につくっていくことができます。
軸さえできれば、そのスタッフはひとりで考え、動ける人財になっていくのです。

リーダーの原理原則

部下が思いっきりバットを振れるように安心できる場をつくろう。

□質問

部下を「ほめて伸ばそう」としていますが、伸び悩んでいます。「ほめて伸ばす」は間違いなのでしょうか？

部下をほめていますか？　ほめて伸ばしましょう。

リーダー術をテーマにした本を開くと、必ず書かれているフレーズです。でも、このアドバイスには大事なポイントが抜けています。それはほめ方にも種類があるということ。「すごいね」「さすがだね」「最高だね」と、ほめまくって伸ばすことのできる人の成長はわずかなもの。まずは私の失敗談から明かしていきましょう。

自然界には向かい風と追い風があります。

向かい風が強い日は歩きにくく、追い風を受けて進むのは快適です。私はコミュニケーションにも同じ作用が働くだろうと考えて、ディズニーランドのディズニーユニバーシティで働いていた時代、キャストに追い風となる言葉をかけるよう心がけていました。

思いきりほめよう、思いきり認めよう、と。

自分自身を振り返ったとき、リーダーからの言葉の追い風を受け、モチベーションや行動力が上がっていった経験があったからです。

そこで、スタッフ一人ひとりを「○○さん、今日も素敵ですね。最高」「今のやり方いいですね。そのまま続けていきましょう」とほめ続けました。

その結果、何が起きたと思いますか？　どんな人財が生まれたと思いますか？

最初は周りのスタッフが目に見えてがんばってくれるようになりました。

「あれ？　今まで怒られることが多かったのに、ほめられているぞ。よし、がんばろう」と、ぐっとモチベーションを上げてくれたのです。

ところが、人は慣れていく生き物です。徐々にほめられるのが当たり前になっていき、仕事の質が下がっていきました。

後々、周りのスタッフに当時の心境を聞くと「わたしは、これでいいのかもしれない。今井さんはほめてくれるし、わたしのやり方がひとつのルールなんだ」と思っていたそうです。

つまり、ただほめ続けていると、相手は現状維持から停滞してしまうのです。あまりに強すぎる追い風は、歩いている人をその場で踏みとどまらせます。そこで、「北風と太陽」の童話のように、追い風をびゅんびゅんと吹かせても、より強く踏ん張るだけです。

私はほめ続けると決めたことで、その状態をつくってしまいました。

「あれ？　ほめているのに、うまくいかない。◯◯さんの仕事ぶりはどんどんおかしくなっている」と悩み、そこで自分の持っていたイメージの間違いに気づきました。

ただのほめ方と質の高いほめ方の違い

じつは、ほめ方の質に違いがあったのです。

人にとってほめる、認められる、助けられる、というのは、うれしく、楽しいことです。しかし、ほめ方、認め方、助け方を間違えてしまうと相手の成長につながりません。

ポイントは、現場のリーダーが志事の目的を明確に発信できているかどうかにあります。ただほめるのではなく、目的を明示した上での向かい風であることが重要です。

例えば、忙しいスタッフに仕事を頼むとき、どちらが本当の意味でほめられている、認められていると感じるでしょうか。

健全な向かい風と追い風のバランスで成長する

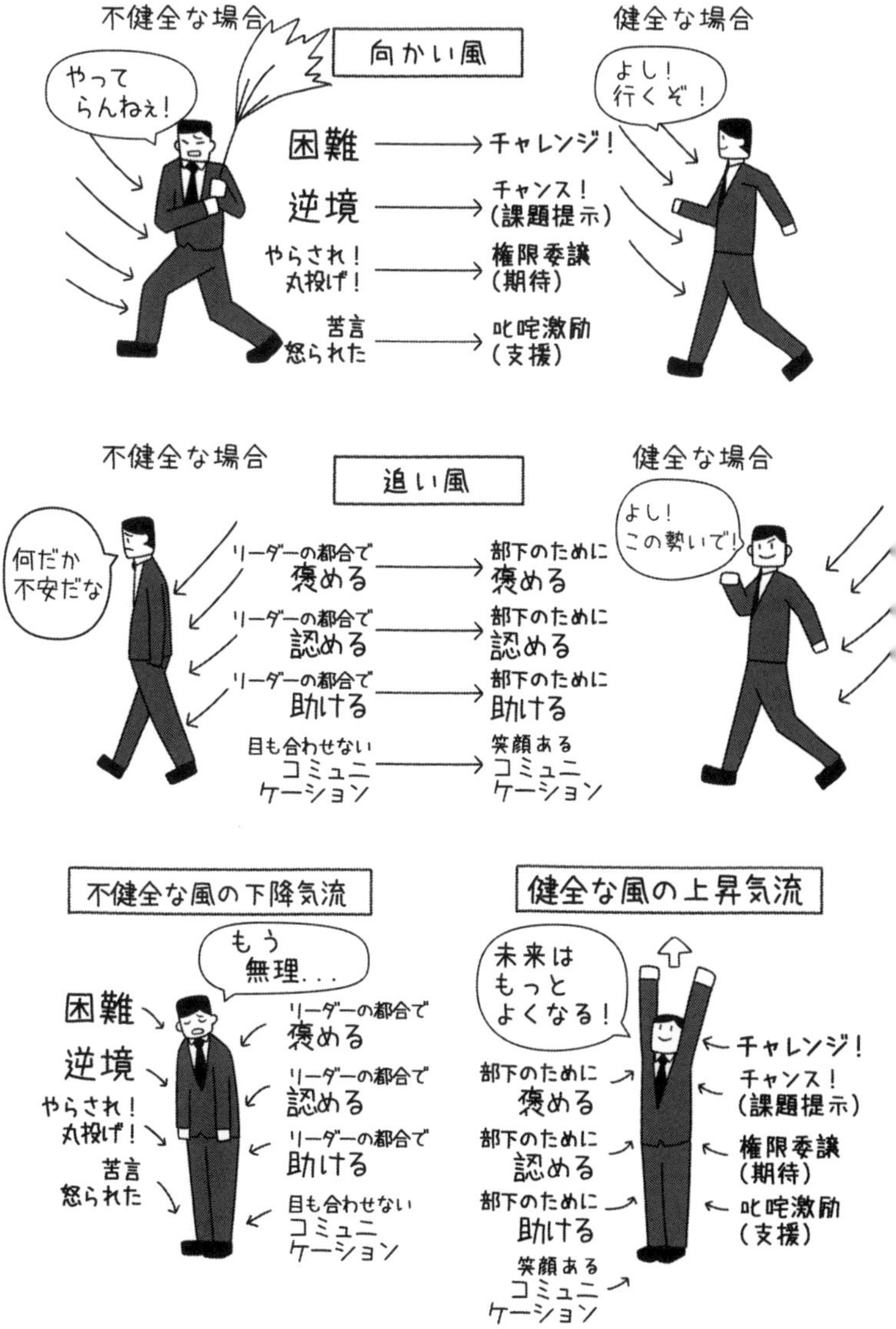

「○○さん、お願いがあるんだ。△△の仕事をお願いしたんだ。頼りにしているよ」

「今、5つの仕事持っているよね。大変だよね。知っている。でも、5つ持っているあなたにこの志事を任せたいんだ。この志事を全部やり切ることができたら、間違いなくあなたの成長につながると私は信じているし、そう思うんだ。やってくれるかい？」

後者はほめているようには聞こえないかもしれませんが、強い信頼と乗り越えたときの成長という目的を示すことができています。

「頼まれ事は試され事」。

あなたにとても大切な仕事があるとします。誰にその仕事をお願いしたいですか。そう、それは信頼できる人ですよね。信頼できるからその人に仕事が集まってきます。ときに私たちは、「なぜ自分だけこんなにたくさん仕事をやらねばならないんだ！」なんて考えてしまうことがあります。しかし、物事の考え方、捉え方、見方を変えるだけですべての受け取り方が変わってくるのです。

これが質の高い向かい風となり、追い風とあいまって、風が上へ吹き上がるようにスタッフの成長（フロー）につながるのです。

追い風と向かい風をバランスよく相手に届けること。信頼してチャレンジさせること。権限を委譲すること。愛情を持った叱咤激励を忘れないこと。これが質をともなったほめ方になるのです。

☑ リーダーの原理原則

ほめる（追い風）だけでは人は伸びない。目的を明確にして、仕事の負荷（向かい風）を与えていこう。

□質問

仕事の進め方がわかりやすくなるようマニュアルを徹底させたものの、サービスの質は下がってしまいました…。

まだ私が今のような原理原則を理解する前のことです。ある飲食店の現場を改善する仕事を担ったとき、マナーの先生を呼び、スタッフ一人ひとりにおじぎの仕方から学んでもらったことがあります。

15度、30度、45度とおじぎの型を身につけさせ、実践してもらいました。また、店舗でのサービスの仕方についても1から10までマニュアルをつくり、徹底させました。

例えば、お客様から声をかけられたら、「必ず10秒、お客様の目を見て話をしなさい」、お客様が入店されたら「3秒、お客様を見つめ、『いらっしゃいませ、こんにちは』と言いなさい」、お客様がお帰りになるときは全員で「お客様に『ありがとうございました』とあいさつしなさい」と。

その「こんにちは」もラのトーンで言いなさいと徹底して指導していました。

音階のド、レ、ミ、ファ、ソ、ラのラです。ラの音を意識した声で「こんにちは！」と。

心理学的にドは説得力を増す音とされ、ラは心を開かせる音とされているからです。真剣に何かを伝えたいときはドの音で、相手の心の扉を開きたいときはラの音で、と指導していました。

これはこれでとても大切なマニュアルであり、決して間違った施策ではありません。しかし、しっかりとしたマニュアルをつくれば、オペレーションは整う。そう目論んでいるところはありました。

実際の効果はどうだったのか。蓋を開けてみると、細かな部分までマニュアルをつくり込み、ルールで縛っていったことで、スタッフ一人ひとりが私の一挙手一投足を注視するようになっていきました。つまり、お客様のためにいいサービスを提供する以前に、評価者である今井の顔色を見るイエスマンになってしまったのです。

私が整えたマニュアルが基準となり、私のチェックによって成果の可否が決まってしまう。スタッフはそう受け止めたのです。本当の目的は、お客様にさらに喜んでもらうことにあったにもかかわらず、知らず知らずのうちにスタッフはお客様ではなく、私の方ばかりを見るようになっていきました。

同時に、お客様からは「対応が通りいっぺん」「マニュアルでやっているのがよくわかる」とお叱りを受けるようになっていきました。というのも、スタッフはラの音で「こんにちは！」と言うこと、お帰りになるお客様に「ありがとうございました」と発声することが目的だと勘違いしてしまったからです。

なぜ、「こんにちは！」と言い、「ありがとうございました」と伝えるのか。その意味を考えることなく、手段が目的になり、言うだけになってしまう。問いをなくした行動は、どうしても付け焼刃的になります。

手段が目的になった瞬間、すべてのことがうまくいかなくなります。

そして、仕事をする上で最も愚かなことは、志事の意味と価値という目的を見失うことなのです。

これがマニュアルを徹底させることの弊害であり、スタッフの在り方ではなく、仕事のやり方だけに目がいってしまう現場のリーダーの弱さの表れとも言えます。

私がなぜ、マニュアルを徹底し、スタッフをルールで縛ったか。それは自分自身が志事の在り方を見失い、目に見えて変化の出やすい、表面上のやり方だけにこだわったからでした。自分のやり方をなぞってくれるスタッフをつくって安心したかったわけです。

私はこの一件で、次の原理原則を肝に銘じるようになりました。

「やり方にこだわる人はやり方に負ける。大切なことはやり方ではなく、在り方である」

これ以上、なにをやれと言うんですか!? 一生懸命やっているじゃないですか!!

しかし、スタッフ一人ひとりは個性が異なり、強みも違います。なかにはマニュアルとルールで縛られた方がうまくいく人もいますが、自主性を出したときに創造力を発揮し、臨機応変に行動するタイプにとっては違和感満載だったことでしょう。

私たちリーダーはどちらの人財を育てていくべきなのか。答えは、後者の自分自身でその場にあった最善な方法を考え、自主的に行動できるスタッフではないでしょうか。

実際、目の前のスタッフに「なぜこれをやる必要があるのか」を伝えないまま、「ラの音でこんにちは！」と押しつけても顔がひきつってしまいます。ところが、当時の私は「なんでやれないんだ。たるんでいるぞ」と追い詰めていました。

困ったスタッフはひきつった顔のまま、お客様の前に出て、現場の雰囲気がどんどん悪くなっていくということが起きていたのです。

それでも自分の間違いに気づかない私は、「これをやっておけば間違いなくうまくいく。

これをやっておけば必ずお客様は喜んでくれるから」というリーダーシップを取り続けました。もうそれは、今思い出しただけでも顔から火を噴くくらい恥ずかしい行為です。自分が低い視座と狭い視野で思ったことを押し付けて、リーダーシップならぬ、悪いヘッドシップをやっていました。

その結果、次第に不協和音が高まっていきます。そして、ある日、「自分は違うやり方で臨みたい」と言ってきたスタッフに、「なんで的はずれなことを言うんだ？　そうじゃなくて、こうだろう！」と上から目線で抑え込みにかかり、「今井さん、これ以上、何を（マニュアル通りに）やれと言うんですか⁉　私たちはちゃんと一生懸命にやっているじゃないですか」と反撃されたのです。

スタッフのほとんどがイエスマンとなってしまったなか、唯一、逆らってくれたスタッフ。そのひとりは、私を成長させてくれた恩人であり、年下の師匠です。

彼が言ったのは、「来店する赤ちゃんや小さい子に対して、今井さんが言うように『3秒、お客様を見つめ、「いらっしゃいませ、こんにちは」と圧倒的に元気よくあいさつする』をしていたら、おかしいですよね。実際、泣いちゃう子もいるし、親御さんももっとソフトな対応を願っていますよ。もっとお客様それぞれに合った、お客様本意の接し方をしていきたいんです」ということでした。

在り方を見失ったマニュアルで現場が混乱する

志事には「やり方」と「在り方」があります。

在り方＞やり方

リーダーはスタッフと「在り方」を共有してこそ、個々の「やり方」が生きてくる。

あいさつで言えば、まず「なぜ、お客様にあいさつをするのか？」という「志事の在り方」が先にあり、その在り方を実現するために、「どこまでやり切るの？」というやり方の基準が生まれ、そのなかでやり方が決まってくるのです。

ですから、「やり方＝マニュアルやルール、テクニック」を重視し、在り方を置き去りにすると必ず現場にさまざまなやり方が蔓延します。蔓延したやり方は、在り方を見失っているので質も基準もバラバラになり、スタッフ自身、何が正解なのかわからなくなり、現場に混乱が起きます。

私は当時、やり方を伝え、そのとおりにスタッフが動くよう監視していたわけです。

自分では「すべてはお客様のために」という絶対的な在り方を見ての、マニュアルづくりであり、ルールの徹底であり、テクニックでした。しかし、スタッフには伝わっていませんでした。

彼らは、私の言う「やり方＝マニュアルやルール」を見て仕事をしていました。その結果、いくら個別に話し合っても、本質的な言葉が交わることがなかったのです。

余裕のない現場でがんばるリーダーがはまる罠

私は、自分の考える在り方を伝えていないと気づけたことで、まさにマニュアルに偏るやり方を改めていくことができました。すると、スタッフ一人ひとりの動きにも、変化が現れました。志事の目的、在り方を基準にして、マニュアルを参照しながら適したやり方を自ら考え、行動し始めたのです。

その後、いくつもの企業で研修を担当するうち、余裕のない現場でがんばっているリーダーほど、私と同じ罠にはまりがちだと気づきました。

なぜなら、マニュアルをつくり、ルールで縛り、仕事のやり方に注力すると、一旦は目に見えた結果が出るからです。物事が滞りなく進み、効率も良くあり、サービスの質も上

「やり方」ではなく「在り方」

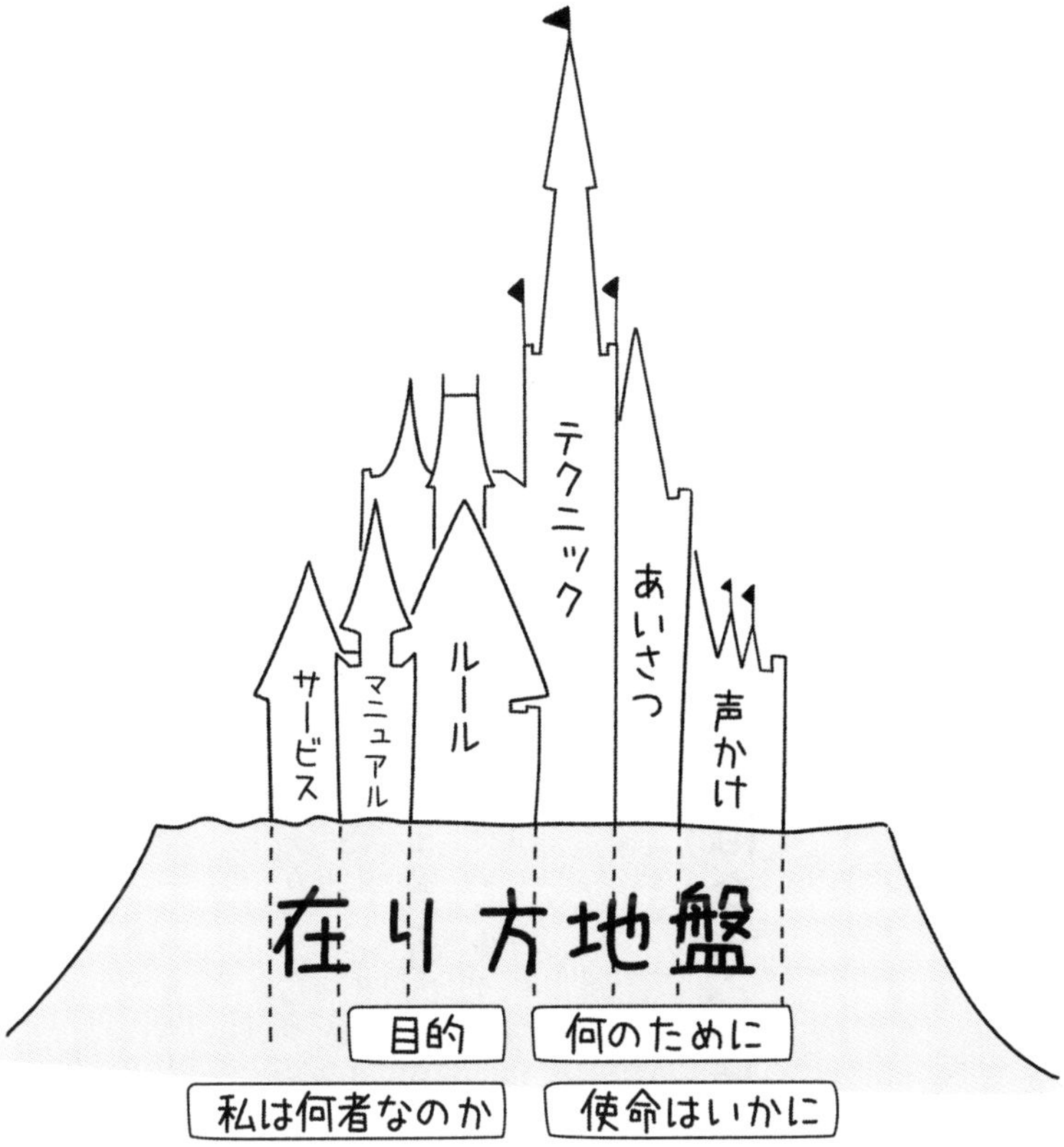

がったように思え、安心できます。

しかし、大事なのは**「やり方ではなく、在り方」**です。

やり方にこだわる人はやり方に負けてしまいます。マニュアルも大切ですが、それ以上になぜ、そのマニュアルがつくられたかの背景を語ること。

成績が出ていない会社は、多くの場合、やり方でガチガチになっています。現場のリーダーはまず、自分に対して「本来の私たちのあるべき姿とはなんですか？」と問い直してみてください。そして、スタッフと「在り方」について話し合うこと。それが現状を変えるためのモノサシをつくり出し、やり方の質も向上していきます。

☑ リーダーの原理原則

大事なのは、やり方(マニュアル)ではなく、在り方(目的)。なぜするのか、どこを目指すのか、目的とゴールをしっかりと伝えよう。

□質問

部下にアドバイスをしますが響きません。どうしたらいいでしょうか？

現場のリーダーは職種を問わず、その立場上、忙しい日々を送っています。そんななかでも、なんとかスタッフとの信頼関係を築き、円滑に仕事を進めたいと願っているはずです。ところが、ゆっくりと面談をする時間、仕事の後に食事へ行き、心を通わせる時間はなかなかつくれない現実もあるでしょう。

その積み重ねによって、現場のリーダーとスタッフの関係は「理解する前に決断する状態」になりがちです。

「この仕事はこうだから、こうやればいい」

「今の悩みはこんなところだろ、俺もあったよ。こうしてみたら」

理解＝スタッフの話を聞かず、あるいは聞き流し、

決断＝自分の考えでアドバイスしてしまう。

あなたが新人の立場で、上司に同じことをされたら、とんでもなくモヤモヤするはずです。ところが、現場では忙しさゆえに、さらには愛情深い一見、部下思いの上司がいると「理解する前の決断」が頻発しています。

あなたは、スタッフのことを本当に理解していますか？

「訊く」のではなく「聴く」ことが大切

目の前のスタッフのことを今まで以上によく知るためには「聴く」ことが大切です。相手の話に耳を傾け、コミュニケーションを取っていきましょう。しかし、ここで相手よりも経験が豊富な人ほど、つい失敗してしまいます。

それはパワーをかけて、相手を変えようとしてしまうのです。

理解＝「俺はお前（新人）のことはすべてわかっているぞ（これはリーダーの思い込み）」

決断＝「お前の話はわかったけど、今のままだとダメだぞ」

そう言った瞬間、目の前のスタッフはこう考えます。
「俺のこと、現場のこと知らないくせに」「いつも見てないくせに」「最後まで話を聞きもしないで」。でも、そこでリーダーはこうたたみ掛けてしまいます。

理解＝「そういう風に言うお前（新人）は経験がまだないから、そこまでの答えしか出ないいんだな」

決断＝「お前のことを想って言っているのだから……」

スタッフを想う気持ちは本当でも、自分の価値観、枠組みで考え、自分のやりたい方向に相手を引き込もうとしてしまう。「きく」が「訊く」の状態になっていきます。
「訊く」は、辞書で調べると、
1．たずねる　2．問いただす　3．とがめたずねる
と、あります。

あなたの「聴く」は「訊く」になり、自らの考えのもと、自分自身の答えにはめたがる「2」、もしくは「3」の「俺の言っていることをわかってくれ」という想いから、「とが

め問いただしてしまう」になってはいませんか？

スタッフの本音、在り方を引き出す前に、リーダーが導きたいリーダーの中にある正解のゴール、そして、それに基づいたやり方を変えようとする。その結果、お互いの関係がおかしくなってしまうのです。

誰もが持っている、その人の正義に耳を傾ける

では、どういうコミュニケーションなら相手の心を動かすことができるのでしょうか。そこでキーワードなるのが、**「エンパサイズ」＝「相手の在り方に意識を向ける共感力」**です。

人は誰もが、自分の正義を持っています。リーダーの立場から見ていると、クエッションマークが浮かぶスタッフの言動にも、本人のなかには必ず動機があり、それが最善の選択となった正義があります。

その正義に目を向けず、リーダーが自分の正義を振りかざした途端、相手の心のシャッターはガシャンと下りてしまいます。

人を育てるコミュケーションのコツ
共感して、相手の立場になってみる

理解＝「なぜそうしたの？」というところに、まずは立ってみること。
決断＝そうすると、共感力を発揮しながら聴ける状態ができあがります。

そして、スタッフのことをしっかりと向き合えたからこそ相手の立場に立って、「自分から行動できる」のです。

つまり、聴くコミュニケーションの後に、取るべき対応は……

× 相手を自分の価値観に変えようとする
○ 共感する＝エンパサイズ
　　⇩
エンパサイズを何度も経験することによって、相手の世界の中に入り込み、その人の立場になりきる＝シンパサイズ

となります。

スタッフの正義に共感し、話を聴くこと。しっかりと理解すると、決断の仕方も変わってきます。相手の在り方を理解しようと努力することで、あなたが発するやり方のアドバイスも変化するのです。

リーダーの原理原則

スタッフを変えようと「処方」するのではなく、まずは「診断する」（聴く）ことから始めよう。

質問

なかなか本心を明かしてくれない部下。部下の本音を知る方法はありますか？

日本語での会話には、省略・一般化・歪曲の文化が根付いています。あうんの呼吸で伝わっているようなふりをして、大事な部分が流れてしまうこともめずらしくありません。

私たちは言葉を使う際、過去の実体験から引き出して使います。そのとき、**言葉の「省略」「一般化」「歪曲」**が行われているのです。

例えば、スタッフとの会話の中で、言葉によるミス・コミュニケーションが起こる理由は、言葉の3つの機能が影響しています。

ひとつ目の機能は、省略です。

「うちの現場はサービスの質が下がっている」といった場合、「誰が」「何を」「どのようなことが（どのように）」「どこと比べて」といった情報が抜け落ちています。本当は、その話を理解する上で、最も重要な具体的内容が省略されているのです。

また、こんな世間話をするとしましょう。

「昨日、リンゴを買って、めちゃくちゃうまかったんですよ」

「そうなんだ」

なんということのない会話ですが、多くのことが省略されています。

りんごがおいしかったことは伝わってきましたが、なぜ、りんごを買おうと思ったのか。どういう種類のりんごだったのか。どこで買ったのか。いくらだったのか。どうやって食べたか。すべて省略されていますが、会話はスムーズに流れていく。これが私たちに根付いている省略の文化です。


だからこそ、スタッフや部下の本音を引き出したいなら、日頃から気持ち悪いくらいに、省略しない、させないよう心がけていきましょう。

なぜ？　何のために？　なぜそうするのか？　なぜそう思ったのか？　その言葉の間や裏側に省略されている、真意をたずねていくこと。これは「インサイト」と呼ばれる、本人も気づいていない動機や本音を探る上で役立ちます。

人は自分のインサイトを認めてくれる人と一緒にいると、安心します。つまり、省略しない、させない会話によって、スタッフのインサイトに気づくことで、ふたりの関係のなかにセーフティゾーンを築くことができるのです。

ふたつ目の機能が、一般化です。

スタッフから、「お客様から○○のクレームが来ています。お客様、皆そう言っています！　だからやり方を変えるべきなんです！」などと報告される場面は何度もあると思います。

しかし、ここには一般化という罠が潜んでいます。

「お客様、皆がそう言っている！」という言葉にリーダーは反応します。

「え、お客様、皆がそう言っているのか！」「それはとても大変なことだ！」「早急に対応しないと!!」

しかし、蓋を開けてみると、そう言っていたのは、ある特定のお客様や一部の特殊なシチュエーションでの出来事であり、スタンダードオペレーションを変えるまではなかったことが後からわかる。そんな事例も多々あります。

私は一般化の罠を避けるため、現場のスタッフから発せられる言葉の中に次のキーワードが含まれていないか気をつけています。

本音を知るキーワード「省略・一般化・歪曲」

「いつも」

「絶対」

「すべて」

「一度も」

「なんども」

「間違いない」


このような言葉が出てきたら、その報告、会話には一般化の罠があるかもしれません。チェックが必要ですね。


3つ目の機能は、歪曲です。

ものごとに因果関係や前提を勝手につけて、自分なりの解釈でものを考えてしまうことを歪曲といいます。

「雨が降ったらお客様の数は必ず減る」

「目をそらされたのは、自分が嫌われているからだ」

「あの人はもう私を嫌っているに違いない」

などなど、私たちは知らず知らずのうちに、歪曲し、見えない「前提」をつくり出します。

スタッフと本音ベースの対話をしたいと考えるなら、省略をしない、させないこと。一般化している内容を具体的にすること。歪曲された「前提」の本質は何なのか、質問を通して特定することです。

これが現場のリーダーとして、スタッフとの関係性を深め、育てていく時期に必要な質の高いコミュニケーションの方法です。

☑リーダーの原理原則

スタッフとの対話を、「省略・一般化・歪曲」しない、させないようにしよう。

□質問

私には、信頼し合えるようなスタッフがいません。どうすれば、強い信頼関係を結べるようになるのでしょうか？

あなたがエンパサイズでスタッフの持っている正義に耳を傾けていくと、一人ひとりのキャラクターがはっきりと浮かび上がってきます。そのキャラクターをあなたが受け入れることで、相手が心を開き、上司部下という仕事上の役割以上の信頼関係が結ばれていくのです。

もちろん、仕事上の人間関係ですから、すべてを開示するわけではありません。上司と部下には評価者と評価対象者という特異な関係性があります。特に部下は、上司に対しては自らのよい部分のみを見せようという働きがあります。

それでも仕事に必要な情報を互いに開示し合い、良好な関係性を築いていくのは価値のあることです。

この段階を私は「**自我開示**」と呼んでいます。

自我開示とは、お互いに自分自身が相手に対して見てほしい、理解してほしい情報のみを開示している状態です。良い悪いではなく、私たちの多くは必ず人との関係性を築く上でこの段階を経ていきます。

そして、スタッフからリーダーへの自我開示が行われると、コミュニケーションは次の段階「**自己開示**」に入っていきます。

自己開示では、本人の過去、現在、そして未来に向けての考えなど、スタッフ個々人の志事にやり方を支えている在り方が明かされていきます。

なぜ、自分は今ここで働いているのか、自分は志事を通して何を自己実現していきたいのか、など普段は語り合われることの少ない本音ベースでの対話が可能になります。

そして、この段階を経たとき、現場のリーダーと個々のスタッフとの間には目に見えない仲間意識が育まれ、強い絆が結ばれます。信頼し合えるスタッフの存在は現場のリーダーにとって非常に心強いものです。

ディズニーでは、キャスト同士が本音で対話することができる仕組みがありました。前提にとらわれず、自由でみずみずしい発想ができるミーティングです。

そして、ユニバーサル・スタジオ・ジャパンに移った時にもこの経験を活かして、人事部教育担当として従事していた際に自由に対話ができるワールドカフェ形式のミーティングを、最初は各部署で実施し、徐々に広げていき、最終的には全社員の皆さんと開催するような企画も立ち上げ、効果を発揮しました。

自己開示に向かうためには、まず、スタッフが自我開示をしたときに「なるほど」とすべて受け入れることが欠かせません。現場のリーダーとしては、過去の経験からスタッフの正義を否定し、疑問を挟むことも容易でしょう。

しかし、ここはエンパサイズです。相手の言葉に耳を傾け、頷き、受け止めましょう。

そして、シンパサイズで相手の立場にたち、自分自らが積極的に行動し、支援の姿勢を見せることが大切です。

その上で、1日、2日、時間を空け、**「この間の話はありがとう。あの後、考えてみて、私はこう思ったけど、どうかな？」と問いを投げて育てる姿勢**を貫いていきます。

ここで起きるのが、人称の変化です。

現場のリーダーがうまく自我開示から自己開示へと導くことで、スタッフの仕事の捉え方が一人称から三人称に成長し、志事になっていきます。

部下と信頼関係を結ぶ 3つのステップ

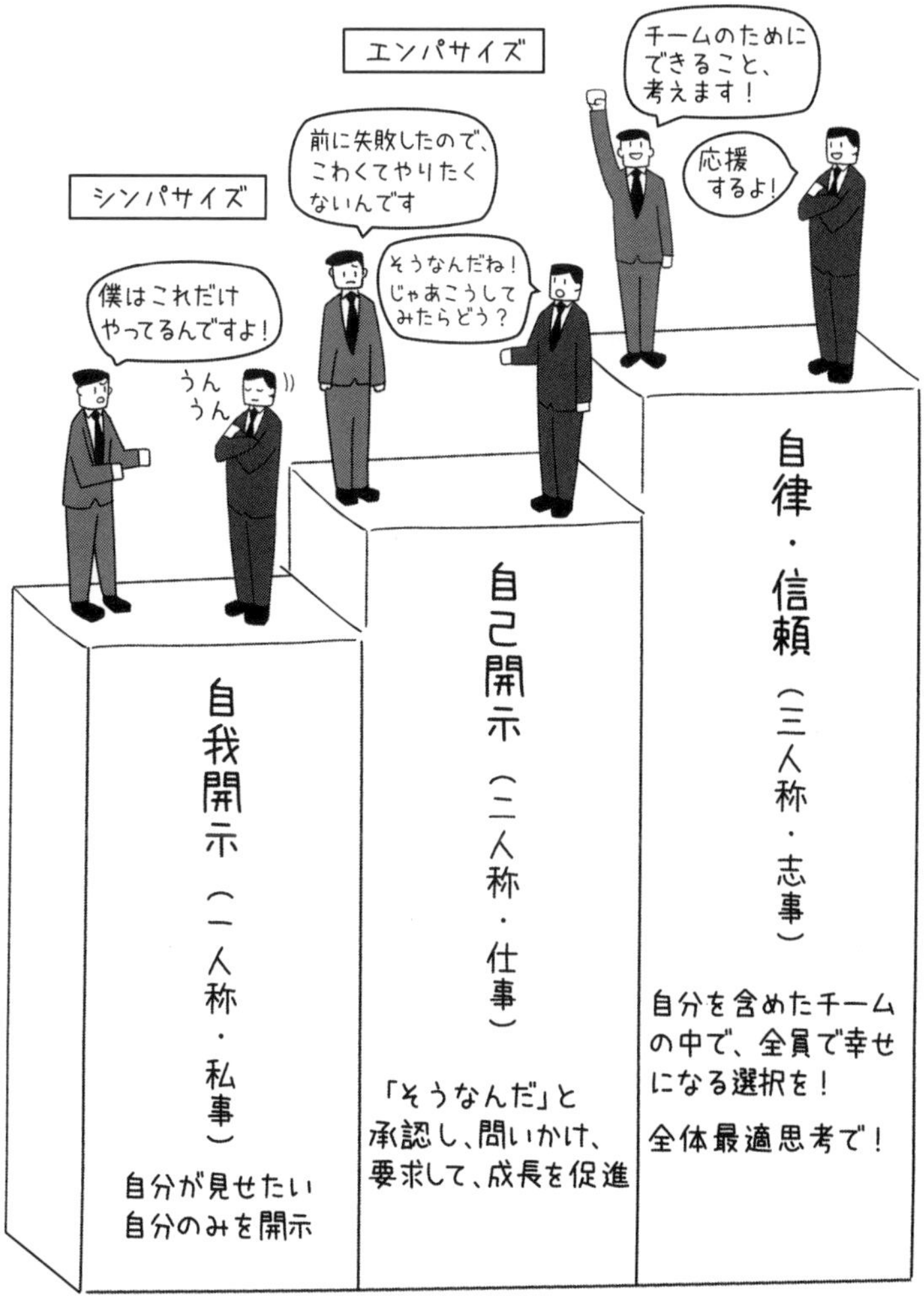

一人称は「我が、我が」です。自分はこうしたい、自分はこう考える、自分ならこうする、と。これが自我開示、自分の正義を主張する段階です。

次は二人称。言葉が変わってきます。

「この間の話はありがとう。あの後、考えてみて、私はこう思ったけど、どうかな？」

「じゃあ、どうしたらいいのですか？　教えてください」

自己開示の段階に入ることで信頼関係が生まれ、相手の言っていることに耳を傾け始めます。

そして、三人称。信頼し合える存在になると、「わかりました。自分たちの目的を達成するには、周りを動かさないといけないですね。周りがわかってくれないと、達成できない。じゃあ、スタッフ全員がワクワクするためには何が必要ですかね」と。リーダーの役割も含めたチームの行く先を見つめる全体最適の思考をし始めるようになります。

私たちはどこに向かって歩んでいるのか？

エンパサイズ、シンパサイズによって、自我開示、自己開示というステップを踏み、スタッフとの関係性が向上していきます。この流れを経験上、理解している現場のリーダーは、スタッフから自分の正義、志事に対する本音、在り方を聞き出せたとき、それがどれだけ会社や組織にとってネガティブな話だったとしても、笑顔で受け止めることができます。互いの関係性の質が高まっている証拠です。

そのワンクッションを置くからこそ、目の前のスタッフが変化、成長するとわかっており、それを心から信じているからです。これが「育てる」ということです。

教えるだけのリーダーは、きっとこうはなりません。

自分自身が教えたことに対してスタッフが反抗するような態度、姿勢に一時的にもなるということですから、それはもう、「なぜなんだ！　違うだろう！」と叱責するのではないでしょうか。

リーダーとは「教え、育てる」人である、ということです。

現場のリーダーがスタッフと向き合うとき、常に意識しておきたいのは「目的を見失わないこと」です。目的とは、志事の意味や価値。多くの人が自信を失ったとき、目的も見失います。「私は、なんでここまでやってきたのだろう？」と。

しかし、1日であれ、1カ月であれ、1年であれ、10年であれ、過去にそこでやってきたことには、本人にとって意味や価値があります。対話によって、相手の積み重ねた意味や価値を再発見することで、停滞していた人ももう一度、動き出すことができるのです。

リーダーの原理原則

スタッフの本音に耳を傾け、受け入れ、未来の話ができるようになった時、強い絆が生まれる。

□質問
「また何か会社が変なことをやりだした」と新しいチャレンジには否定的な部下。どうしたらいいでしょうか？

唐突ですが、問題です。

世界一の山と言えば、どこでしょう？　８８４８メートルのエベレストですね。

では、日本一の山は？　３７７６メートルの富士山です。

最後にもうひとつ、日本で一番低い山はどこでしょう？　答えは宮城県仙台市にある、日和山。標高は３メートルです。

標高差はまったく違いますが、それぞれの山頂に向かう登山道の険しさ、その過程で見える景色、頂上に立ってからの展望はまったく異なります。高い山からは遠くまでが見え、低い山からは間近の景色のみがよく見えます。

ここで大切なのが、物事の見方、考え方、捉え方というポイントです。

前述した山の話を私は**「視座」**の違いから見える**「視野」**の世界と呼んでいます。

じつはこの「視座」は、志事に対する経営者の「視野」、現場管理職層であるリーダーの「視野」、現場の第一線で活躍しているスタッフの「視野」の違いであることを私たちは意識しなければなりません。

視座とは「物事をどの位置から眺めるのか」ということです。

そして、この視座の違いこそが、それぞれの立場によるボトルネックが生じる原因のひとつとなっているのです。

高い場所にいる人には遠くまでよく見えます。現場業務全体のことだけではなく、経営全般の状況を見渡すこと（視野＝物事を見る時の思考の幅）ができ、時間軸で言うと3～5年後、はたまた10～30年先まで見えているわけです。企業によっては、50年先までを見て、手を打っている会社もあります。

一方、現場管理職のリーダーの立っている山頂からは、日々の全体業務のことから現場で起こるさまざまな課題についてなどを見渡すこと（視野）ができ、時間軸で言うと、3

視座を高く、視野を広く、視点を柔らかく

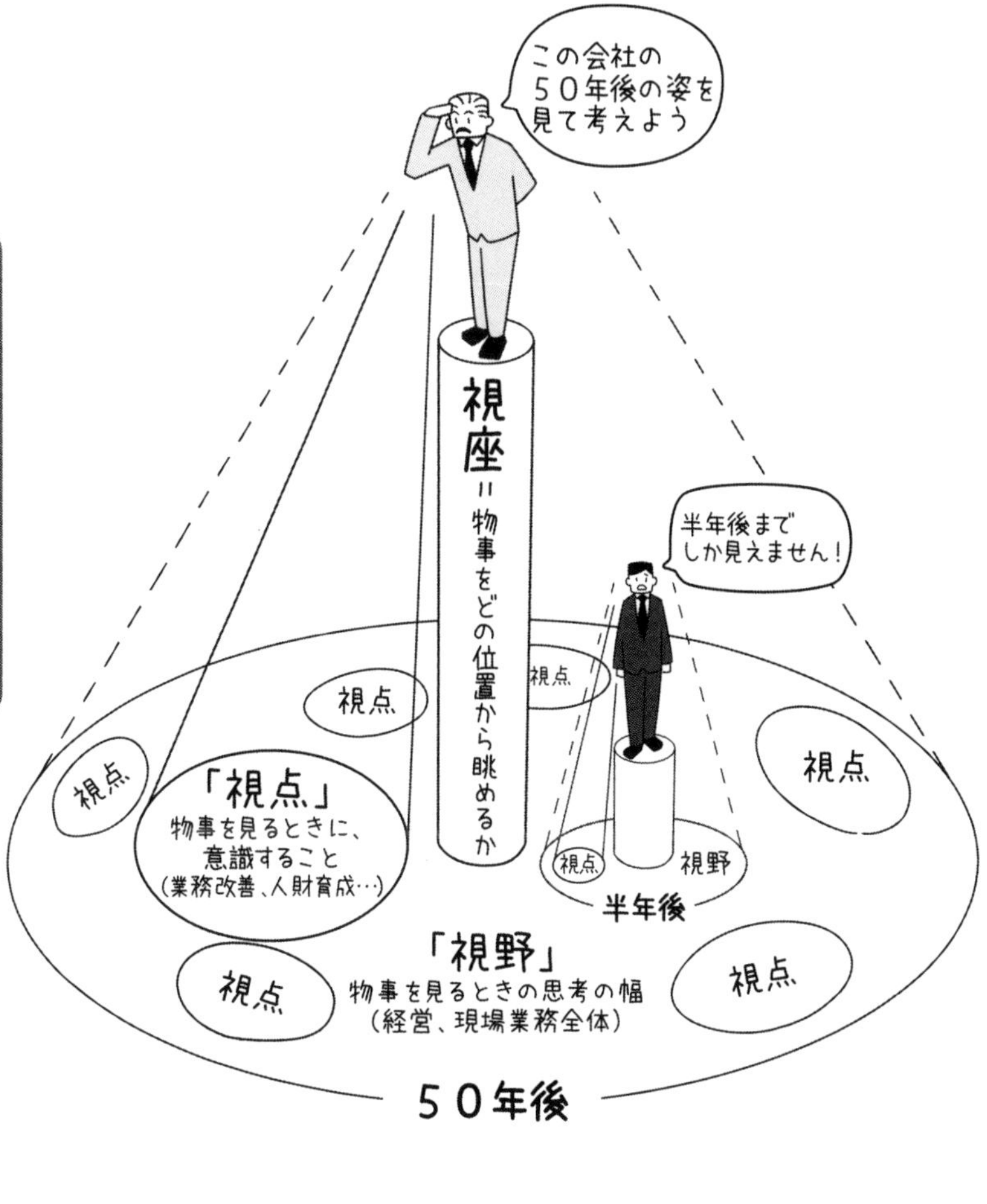

カ月後、半年後、1年後の風景が見えています。

そして、現場のスタッフは今日、明日に向き合って現場を守っています。

当然、10年後を見た経営者の言葉と現場リーダー、スタッフとの間には大きな行き違いが生じ、「そんな夢みたいな大きなこと言われても」「今、うまくいっているのになぜわざわざ新しくチャレンジしなければならないんだ」というボヤキが広がっていきます。

また、それぞれの視座から視野が広がり、その視野の中でその人独自に見ている視点があり、同じ物事を見ていてもそれぞれの立場で注視するポイントは異なるので、これもコミュニケーションのボトルネックになるのです。だからこそ、その人がどの高さから、どれくらいの状況を捉え、今どこに注目しているのか、柔軟にその視点をお互いで理解し合う必要があります。

☑ リーダーの原理原則

経営層、リーダー層、スタッフ層の「視座」「視野」「視点」にはそれぞれ違いがあることを理解しておこう。

□質問

部下に目標を立てさせているのですが現状維持の低いハードルばかりです…。

先ほど例にあげた3つの山、エベレスト、富士山、標高3メートルの日和山。それぞれの山を、メンバー全員で登る姿をイメージしてみてください。

目的は、登山。目標は、メンバー全員で安心、安全に登頂し、下山すること。

日和山に登るためにあなたはどんな準備をしますか？

標高3メートルですから、準備がなくともすぐに登れますね。

富士山（3776m）に登るために、あなたはどんな準備をしますか？

富士山という山は、ひとりでも準備をすれば登れる山です。各々が登山グッズを用意するのではないでしょうか。

このことを会社に置き換えると、それぞれが目的に向けて準備をし、登頂して無事下山できれば利益につながる、つまり、各々が個々でがんばり、成長していくような状態です。

だからこそ、成果は自らがつくり出すもので、他の人には関わらず、情報を共有することもない状態です。もしくは、情報を共有することは自らのノウハウが流出してしまい、自らの価値が下がってしまうと思ってしまうような状況です。

では、エベレストに登るためにはどんな準備をしますか？

エベレストは、チームで力を合わせて、あらゆる準備を完璧にしてはじめて登れる山です。人が生活できないような、少し間違えれば死を招くような世界（外気温マイナス40度、酸素ボンベなしではいられない飛行機が飛んでいる世界）へ行くには、それ相応の準備と覚悟が必要です。

エベレストレベルを目指している会社は、綿密な準備をし、チーム全員が一致団結して覚悟を持って向かうことが必須なのです。

例えば、会社はエベレスト級の理念や目的を掲げ、あらゆる準備をするものの、現場で日和山レベルの登山の準備しかできていなかったとしたならば、「また会社があんなこと言っているよ」、「俺には関係ないけどね」といった溝が広がっていきます。

「今やっている業務がうまくいっているのに、わざわざ新しいことを学ばなくても……」、

目指す目的が違うと
準備も変わってくる
手強いけど
みんなでいこう！
OK！
準備
OK？
ひとりでも
なんとか
日和山
昼飯
ついでに
行ってきます

「新たな準備をしなくてもいいじゃないか」という声が現場から聞こえてくる理由も見えてくるのではないでしょうか。

前項で、経営層、リーダー層、スタッフ層の視座の違いによって見える景色が違うことを学びました。とはいえ、立っている現場、そこで起きる出来事は、どのレベルの層でも変わりません。また、「今ここ」で起きたことが、未来につながっていくという時間の流れも同様です。

この「今ここ」が、必ず未来のビジョンにつながることを「フラクタルの原理原則」と呼んでいます。

現場のスタッフが今日、明日を見ながら行うサービスは、経営者がエベレスト級の高さから語る10年後の未来へとつながっています。

問題は、つながっているのに、それを理解しようとせず、それぞれが別の行動をしていると批判し、つながっていないと思い込んでしまうボトルネックにあります。

この問題を解消するための第一歩が、視座の違いを理解することです。そして、適切な問いかけによって、経営層、リーダー層、スタッフ層がそれぞれどのような視座を持ち、

「今ここ」が未来につながっている
フラクタルの原理法則

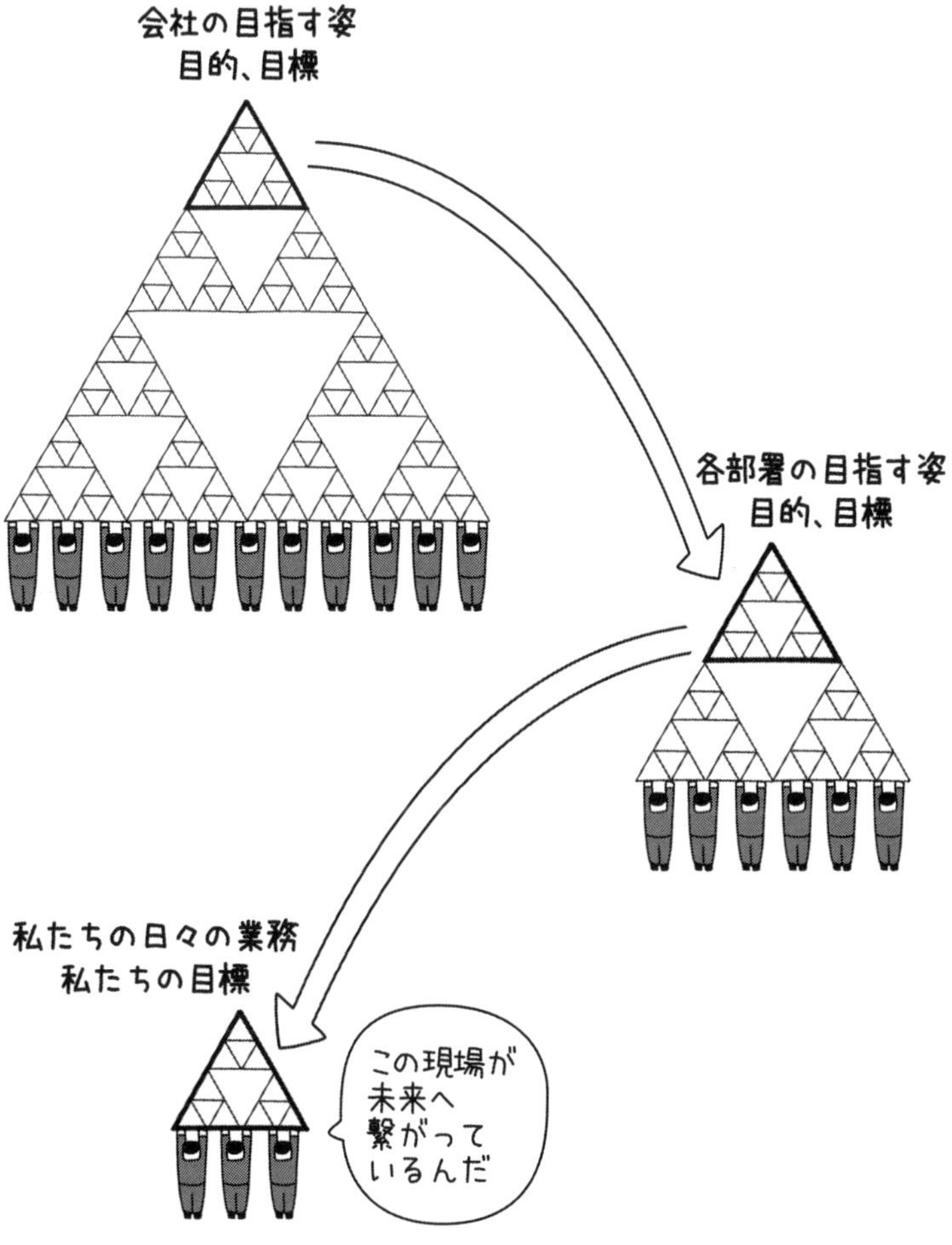

どんな風景を見ているのかを理解しましょう。

そして、ここで大切なことは、

「一度決めた山（目的）はそうそう変えてはならない！」ということです。

なぜならば、目的と業務は別だからです。

今の現場での業務の実力、状況（現在地）は日和山レベルだとしましょう。その現在地に対して、日和山を目指す会社だとしたらどんな準備をするでしょうか。

もちろん、「何もしない」「現状維持」です。

では、現場での業務の実力、状況（現在地）は日和山レベルでも、私たちは、エベレストを目指す組織・会社だとしたら、どんな準備をしますか？

完璧にはできないかもしれませんが、「エベレストに向けて、今の日和山のレベルででできることをしよう！」と準備をするでしょう。

これが、他社との差になるのです。

現場スタッフが常に見ているのは、日々の業務（やり方）です。だからこそ、現場目線で現在地からできること、できないことを考えます。しかし、私たちリーダーのするべきことは、現在地である現場の状況を知り、どこを目指すのか（目的）をしっかりと明確にし、一度決めたことは何が何でも変えてはいけません。目的を安易に変えてしまうと、現場の競争力が下がり、現場での基準（ここまでやる）が崩れてしまうからです。

さて、あなたは日和山を目指しますか？　富士山ですか？　それともエベレストを目指しますか？

リーダーの原理原則

目指す目的によって準備が変わる。

□質問

「やらされている感」満載の部下。どうしたら前向きになるでしょうか？

私は企業のコンサルティングに入ったとき、必ずすべての階層の人に「あなたの会社は何を扱っている会社ですか？」と聞くようにしています。

あるフラワーショップを展開する企業では、経営層から「うちが売っているのは花であって、花じゃありません。美しさや喜び、花を贈る愛情、あたたかさ、安らぎを扱っています」という答えが返ってきました。一方、ストレートに「花を扱っています」と答えてくれたのは、現場のスタッフ。さらに、「ドラマです」と見事なひと言でまとめてくれた現場のリーダーもいました。

分析すると、「ドラマです」と答えた現場のリーダーと経営層の間には、さほど大きな視点の開きはありません。しかし、「花を扱っています」と言ったスタッフと、現場のリーダーや経営層との間はどうでしょうか？

花＋αの部分、それも経営層がより重要だと考えているαの部分が欠けています。

「花を扱っています」という視点では、花にフォーカスが集まります。質の良い花さえ置いておけば、お客様は必ず喜んでくれるという勘違いが生じるのです。

そのスタッフは花に注目し、力を入れますが、逆に言えば、花ばかりに視点がいき、それ以外が見えにくい視野になってしまいます。

ところが、もし、花＋αの部分が伝われば、そのスタッフの視点は広がり（柔軟になり）、「仕入れる花の質」にフォーカスするだけではなく、「店舗でのレイアウト、店内店先の雰囲気、花を売る自分自身の一挙手一投足の質、＋αを扱う私たち企業の在り方・やり方が業務に反映されているか」など、考える視野が広がり、すべてのことにこだわるようになっていきます。

そして、そのこだわりは今日、明日の質を変え、5年後、10年後の質をも向上させ、視座を高めていくのです。

私はこのように視点が柔軟になり、視野が広がり、視座が高くなることによる違い、仕事へのフォーカスの変化をこんなふうに定義づけています。

死事＝0人称／死事＝何も考えず、ただ作業的に（ガチガチに凝り固まった視点）
私事＝一人称／私事＝自分の興味関心だけ（自分の見たい視点、視野だけで）
仕事＝二人称／仕事＝言われたことだけ（目の前の相手が必要としている視点、視野）
志事＝三人称／志事＝「志」を持って事を成す（視点を柔軟に、視野を広く、視座は高く）

できれば、自分も含めたすべての現場のスタッフを志事の視点にまで引き上げたいものです。しかし、アルバイトやパートのスタッフには、「仕事はお金を稼ぐための時間の切り売り」と割り切って、自分の興味関心事にフォーカスしている人も少なくありません。

また、あなたの周りにも言われたことだけや、機械のように何も考えずにただただ自動反応的に作業をこなしているスタッフがたくさんいることでしょう。

そのようなスタッフには、このような問いを投げかけてください。


「あなたは何のために仕事をしていますか？」


この問いを投げかけることによって死事や私事から仕事へ引き上げます。

さらに、彼らの「仕事」の視点を、視野と視座から見える「志事」に引き上げるための

あなたの「しごと」は？
しごと四段活用

効果的な質問があります。

それが「あなたの会社は何を扱っている会社ですか？」という問いです。

人は質の高い「問い」によって成長していく

なぜ、ディズニーランドではアルバイトのキャストが、あれほどのホスピタリティを発揮することができるのでしょうか。答えのひとつが、**「ディズニーランドは青空を背景とした巨大なステージであり、そこにあるすべてはお客様にハピネスを提供するショーなんだ」**という定義にあります。

キャストはこの定義を知り、考えます。

「巨大なステージで働く私たちは何者なんだろう？」と。その問いの答えは、「キャスト」というスタッフの呼称に集約されています。

ウォルト・ディズニーはスタッフに対して「あなた方は、舞台に立っているキャスト、出演者の一人ひとりなのだ」と語りかけ、主役であるゲストが最高の1日を過ごすための脇役として思いきり演じることを求めます。

すると、キャストの中に「お客様へのハピネスとはなんだろう？」という問いが生まれ、それが感性を磨き、土台となって、先輩の考え方に触れて視座を高め、先輩の具体的な行動や、どこまでやり切るのかという体験を通して、具体的な視野を広くしていきます。

だから、一人ひとりは「死事」や「私事」、「仕事」の枠を超え、「志事」の視点で自発的に考え、与えられたキャストという役柄を見事に演じることができるのです。「仕事」のレベルである「こうして欲しい」と伝え、教える次の段階が、「志事」のレベルである「私（リーダー）はこう思うけれど、あなた（スタッフ）はどう思う？　どうしたい？」という問いかけです。

人は質の高い「問い」を自分のものとして考え始めることで、大きく成長していきます。

リーダーの原理原則

「私はこう思うけど、あなたはどう思う？　どうしたい？」と、問いを投げかけてみよう。

やってみよう1
身についているクセを変える、8週間チャレンジ

新たな物事に取り組んだとき、すぐに成果を出せる人と出せない人がいます。

あなたは、その違いがどこにあると考えていますか？

能力の差でしょうか？

それとも才能や知識でしょうか？

私はそのいずれでもないと確信しています。ディズニーランド、ユニバーサル・スタジオ・ジャパンで本当にたくさんの仲間と接してきました。アルバイトの10代の大学生、20代、30代、40代の女性やシニア世代のパートタイムの方々。年齢も能力も知識もバラバラです。

若くて柔軟なはずがうまくいかない人。豊富な社会人経験を持っているのに、現場に馴染めない人。そうかと思えば、長年、専業主婦をしていて久しぶりに働き出したのに、すぐに戦力になってくれた人。

成果を出せる人、出せない人を分けているのは、**クセの違い**です。

なかなかうまくいかない人に共通していたのは、その人なりに身につけたクセを手放せないところでした。

かつてうまくいったやり方にこだわってしまい、この方法ならうまくいくという「**考え方のクセ**」から離れられない。

あるいは、手痛い失敗の経験があり、小さなことでも自分で責任を取る状況を避ける「**行動のクセ**」が付いている。

ミーティングなどで、ついつい後ろ向きの意見を口に

してしまう「**話し方のクセ**」に気づいていない。

こうしたその人独自のクセは、能力と関係なく、その時点までの生き方、経験にもとづいて育まれたものです。つまり、考え方のクセも行動のクセも話し方のクセも、あらゆるクセは後天的に備わったものであって、意識的に変えていくことができます。

そして、本人の足かせとなるクセを変えることができれば、自然と成果は出てくるようになるのです。

そこでオススメしたいのが、「8週間チャレンジ」です。

「やろう!」と決めたことを8週間続ける

やり方は、簡単です。

「やろう」と決めたことを8週間営業日連続、毎日途切れることなく圧倒的に意識し続けていくだけです。

なぜ、8週間か。これは自分についてしまった悪しきクセを手放し、良いクセを身につけるために経験上、必要だったと感じている時間です。

3章で私の失敗談をいくつか紹介しました。

褒めることが正しいコミュニケーションだと考えるクセによって、部下の自主性を潰してしまったエピソード。マニュアルを徹底するという、やり方のクセをつくってしまったことで、こちらの顔色をうかがうばかりの部下に育ててしまったエピソード。

ふたつの失敗に共通していた原因は、部下とのコミュニケーションが量、質ともに足りていなかったことでした。

そこで、私は「1日1回、必ず部下一人ひとりとコミュニケーションを取り、関わっていくこと」をやろうと決めました。

関わるといっても、ひとりと30分も1時間も話し込む必要はありません。

「おはよう」「おはようございます」では足りませんが、「おはよう」「おはようございます」「昨日、映画見たんだよね。スターウォーズ好き？」「はい。新作も楽しみですよね」くらい。お互いが○○さんと話をしたなと思える程度、1、2度の会話のラリーがあれば十分です。時間にして、30秒ほど。そんな会話を部下全員と必ず交わします。

会議が連続したり、出張で会えないときはメールでもかまいません。お互いがコミュニケーションしたという実感、その場に身体はないかもしれませんが、軌跡や余韻を残すことが大切です。

これを毎日、8週間営業日連続で続けました。

すると、自分の中のコミュニケーションの当たり前が変わっていきました。

それまで指示を出すのも「相手と関わっている」とカウントしていましたが、『「やっておいて」「はい、わかりました！」』は会話のラリーではありません。

そんなやりとりをいくら繰り返しても、話したと実感するのは自分だけです。一方通行な指示は部下とのコミュニケーションにならないことがわかりました。

これは、一方的に伝えているだけで、相手に伝わるまでいっていないということです。**「コミュニケーションは相互作用である」**という考え方があります。伝える側と、聴く側の双方向が意識してお互いに機能しないとコミュニケーションは成立しないということです。

仕事の指示でも、面と向かって、部下がどういうふうに受け止めたか。どう判断したか。相手に質問を投げかけることで一方通行状態から脱することができます。

大切なのは、双方向のコミュニケーションで、「自分の考えを発信し、相手が自分の考えをどのように受け止め、その上でどのように考えたのか？」を詳細に、具体的に伝え合うこと。すると、あなたは部下に、部下はあなたにさらに興味を持ち始めます。

質の高いコミュニケーションとは相手に興味をもつことからすべてが始まるのです。

8週間後、私は相手に興味を持って会話を交わすというクセを手に入れ、部下とのコミュニケーションの量、質、共に向上させることができました。最初は、「相手とコミュニケーションをしなければならない……」という義務感を覚えながらのチャレンジでしたが、次第に相手への興味が生まれていきました。そして、新たな価値観に触れるうち、相手と交わすコミュニケーションそのものを楽しめるようになったのです。

ちなみに、会話の内容に決まりはありません。天気の話、趣味の話、家庭の話。話題は問いません。それでも8週間チャレンジが進んでいくうち、必ずどこかのタイミングで自然と話題は志事のことになっていきます。この話題をしようと決めるのではなく、1、2度のラリーのある相手に興味を抱く会話をするという基準だけを守りましょう。

また、8週間のうち、1日でも途切れてしまったら、やり直しです。次の日をまた1日目として、8週間を再スタートさせます。

小さな変化でも良いクセを身につける第一歩になる

最近はクライアント先の方々に職場の中で一番苦手な人を選んでもらい、コミュニケーションの量と質を上げる8週間チャレンジを試してもらっています。

結果を先に明かしてしまうと、ほぼ100%の確率で「話してみたら、なんてことなかったです」「仲良くなりました」という声が集まっています。

最初の1週間くらいは「おはようございます」「おはよう」「今日はいい天気ですね」「そうだな」くらいで目も合わせないような無機質なコミュニケーションで終わりになってしまうものです。心折れそうでも、相手が言葉を返してくれればOK。2週間、3週間と続けるうち、必ず、言葉以上に声のトーン、リズム、表情や雰囲気、さらにはジェスチャーなどの反応が変わっていきます。

ただし、「今日、忙しかったからやりませんでした」という日があれば、そこからリスタートです。確実に言えるのは、そのリスタートの1日目は、チャレンジ1日目とは違います。それまでの積み重ねがある分、相手の反応はあなたに対して温かいはずです。その小さな成功体験がチャレンジを持続させる力になります。

なぜ、8週間チャレンジに効果があるかというと、「苦手だ！」「新しいことをやることはリスクがあり、失敗するのが怖い！　ならばやらないほうが安心だ！」という思い込みのクセが外れていくからです。

しかも、それは個々のコミュニケーションを向上させるだけでなく、「犬猿の仲だったふたりがどうして？」という周りへの影響力からグループを巻き込んだ「絆」や「仲間意識」、「一体感」という変化を生み出し、チーム力も高めてくれるようです。

もちろん、この8週間チャレンジが役立つのは対人関係の改善だけではありません。考え方、話し方、物事の見方など、あなたの行動を支えている、あらゆるクセを変えていく、あなたの習慣を変える力があります。

例えば、本を読むのが苦手な人が「読書のクセをつけたい」のであれば、「1日1ページ読む」ことを8週間チャレンジしてみましょう。小さな変化であっても、続けることで良いクセ＝習慣を身につける一歩となります。

私たちの成長とは、自分の中にある悪しき習慣（クセ）を断ち切り、良い習慣（クセ）に書き換えていくことであるのです。

8週間チャレンジ!!

あなたがチャレンジすることは？

目標

Why（なぜそれをやるか、目的を明確に！）＿＿＿＿＿＿＿＿＿＿

Who（誰が誰に対して）＿＿＿＿＿＿＿＿＿＿

What（何を　具体的に）＿＿＿＿＿＿＿＿＿＿

How（どのように実践、どこまで）＿＿＿＿＿＿＿＿＿＿

Where（どこで）＿＿＿＿＿＿＿＿＿＿

When（8週間後の日付）＿＿＿＿＿＿＿＿＿＿

	Day 1	Day 2	Day 3	Day 4	Day 5	Day 6	Day 7
1週間目 さぁ、やるぞー!!							
2週間目 やったー、2週間突破！							
3週間目 石の上にも3週間							
4週間目 折り返し！ がんばろー！							
5週間目 ここからが勝負!!							
6週間目 自分を信じて継続！							
7週間目 あと少し!!							
8週間目 ゴール!!							Goal!!

毎日やったことはその日の終わりに必ず振り返り、自己承認（○をつける）を入れて可視化してください。自己承認が明日への継続の力になります！

4章

チームが変わる！
リーダーの原理原則

□質問

新任のリーダーとして、目標を定め、スタッフを鼓舞しているものの、ひとつのチームとしてうまく機能していきません…。

4章では、あなたとチームとの関係について考えていきます。

チーム全体が目標を共有し、ひとつの方向に向かって動き出したとき、個々人の力は何倍にも膨らみ、大きなことを成し遂げることができます。

現場のリーダーに求められているのは、人がチームになったときならではの力を引き出し、すばらしいサービスを提供することです。

しかし、現実には人が集まれば集まるほど、一体感は希薄になり、チームの舵取りは難しくなっていきます。こうした問題の一つひとつを解決していくためには、どうすればいいのか。ディズニーランドやユニバーサル・スタジオ・ジャパンでの経験をベースに、チーム運営のヒントをお伝えしたいと思います。

そこで、まずはひとつ質問があります。

あなたは、グループとチームの違いはどこにあると考えていますか？

辞書を引くと、グループは「仲間、集団」「共通の性質で分類した、人や物の一団。群」とあり、チームは「ある目的のために協力して行動するグループ。組」「スポーツや共同作業について組まれる」とあります。

まとめると、ある共通の目的を持った仲間が集った状態がグループ、明確な目的のもと、果たすべき具体的な目標を持って役割を明確に集まった人たちがチームというふうに分けられます。こう考えると、仕事の現場における人の集まりとして適しているのは、チームです。

なぜなら仕事には、何らかの成果を上げるため、お客様に喜んでいただくサービスを提供するためなど、明確な目標があるからです。当然、現場のリーダーも、スタッフも、その目標を達成するために集まったチームの一員となります。

つまり、グループとチームの違いは、次の2点ということになります。

・明確な目標があるか

・リーダーとスタッフがそれぞれの役割と責任を担っているか

「あなたが言うの？」「いったい誰なの？」という違和感を生まないために

では、仕事に関して人はグループになる必要がないのかと言うと、違います。

同じ職場で働くグループとしてまとまることには、お互いが共通の目的のもと、仲間意識を高め、絆が深まるという効果があります。

ですから、良いチームとは、良いグループが共通の揺るぎない明確な目的を持ち、その中でさらに具体的な共通の目標を持ち、進化したものだと考えています。

というのも、良いグループをつくらないと、良いチームもできないからです。

仲間意識もないまま、昨日、着任したばかりの現場のリーダーから「目標を達成しろ」「このやり方でやれ」と言われても、「あなたが言うの？」「いったい誰なの？」「現場のこと、知らないでしょ？」と思いませんか。この新任のリーダーが起こしがちなミスの回避の仕方は、スタッフ一人ひとりと信頼関係を築くこと。1対20ではなく、最初は、1対1が20組あるという意識で丁寧に一人ひとりと向き合うということ。それが遠回りのように感じますが、一番の近道なのです。その手法は、3章で詳しく述べたとおりです。もし、理解が不足している方は、今一度3章に戻って振り返りを実施してください。

プロスポーツの選手もウォーミングアップをして、競技に臨むように、チームも土台と

グループの目的のもと
各チームが目標達成を目指す

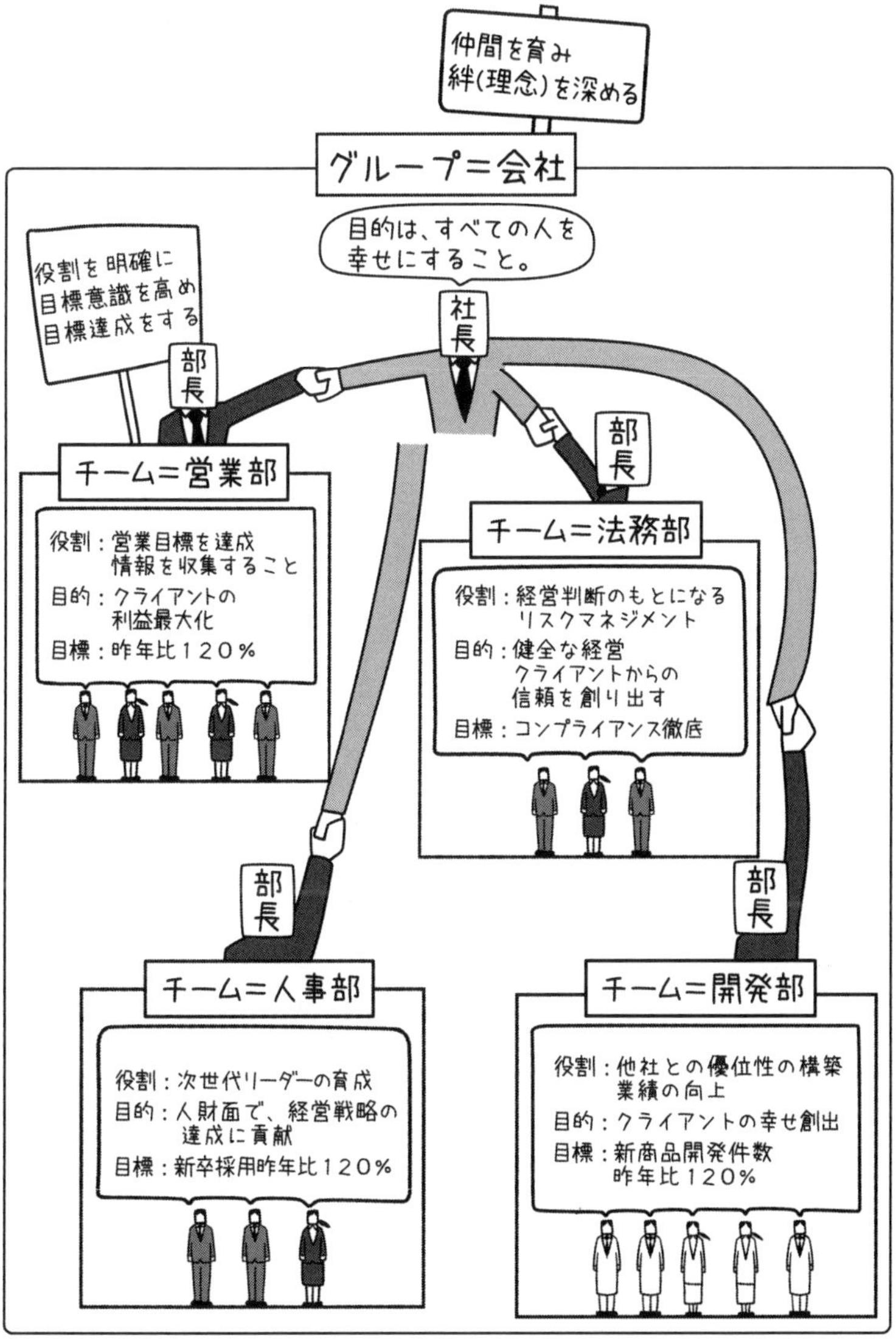

なるグループがあって、そこでウォーミングアップのような仲間意識を育む時間をつくり、絆が深まるからこそ機能します。だからこそ、現場のリーダーとスタッフひとりひとりとの信頼関係が、チームを動かす上で非常に重要になってくるのです。

その土台が整った上で、グループをチームに変えるには、次の5つがポイントとなります。

1　リーダーとスタッフが、チームの明確な揺るぎない目的を共有すること
2　リーダーとスタッフが、チームの目的からくる具体的な目標を共有すること
3　リーダーの意識として1対20ではなく、1対1が20組あるということ
4　スタッフに役職だけでなく、「役割」を意識させ、具体的に伝えること
5　リーダーはスタッフに役割（仕事）を任せること

仕事は、目標を達成するためにあるとはいえ、頭を使い、体を動かすのは一人ひとりの人間です。大事なのは、明確な揺るぎない目的（土台）からくる絆や仲間意識で結ばれたグループであること。そして、チームは「今日からプロジェクトチームをつくるぞ！」と編成した途端、いきなり機能し始めるものではないということです。

サッカーの日本代表のチームも選手が選抜され、国内外から召集されてすぐに試合をするわけではありません。必ず大会前に合宿を行い、グループとしての明確な揺るぎない目的という絆、仲間意識を育み、チームとしての戦略を共有し、戦術を確認します。これも、グループからチームへ育っていくということだと私は思いますが、皆さんいかがでしょうか？

リーダーの原理原則

良いチームをつくるためには、まず、絆でつながったグループをつくることから始めよう。

□質問

チーム全体で目標を共有しようとしているのですが、「また会社が変なこと言い出した」と、伝わっていきません。

前任者からバトンタッチして、より良い仕事をしようと新たな目標を立てたのに、うまくいかない。現場のリーダーなら、こんなふうに嘆いた経験があるのではないでしょうか。

「チームが動かない」
「チームが育たない」

一方、チーム内からはこんな声が漏れ聞こえてきます。

「また会社が（上司が）変なことを言い出したよ」
「今度のリーダーは◯◯過ぎて、ついていけない」
「現場の現実を知らないから無理なことを言うんだよ」

チーム内にネガティブな意見が広まっている理由はふたつあります。

ひとつは伝え方の問題、もうひとつは自己評価の低下です。

自己評価の低下とは、自分の力を低く見ている、会社のことを低く見ている状態。なぜそうなるのかというと、**人は心理的に変化よりも安定を好む**からです。

慣れ親しんだ環境が変化することへの恐怖。変化に対応できるかどうかの不安。こうした心理がからみ合い、恐怖を隠すために「人のせい」「会社のせい」「状況のせい」にするネガティブな言葉となって表に出てくるのです。

そして、こうした主張をするスタッフがひとりふたり出てくると、チーム内には「ダメだ。新しいリーダーが（会社が）ヘンなこと言い出した」という声が広がっていきます。なぜなら、自分たちは変化に対応できないと自己評価を下げて、責任を周囲に押し付けた方が楽だからです。

では、こうしたネガティブな反応を防ぐにはどうしたらいいのでしょうか。解決策は、ひとつ目の理由、伝え方の問題に隠されています。

現場のリーダーの発信する目標が、チームにとって役立ち、お客様に喜ばれ、スタッフ一人ひとりにも有益だ（＝目的）とわかれば、ネガティブな反応は減っていきます。ところが、伝え方に問題があると、目標の真意が伝わっていきません。

つまり、チームに目標を伝えるときは、スタッフとの対話以上に丁寧に目に見えにくい隠れた「目的＝なぜ？」の翻訳が必要なのです。

ところが、伝える側のリーダーは、1対チームの1対複数のコミュニケーションでは、目標を文章で配布したり、バックヤードに貼り出したり、朝礼や終礼で一方的に発表することで「伝わった」と勘違いしてしまいがちです。

これが、1対20の法則で、私たちが陥りやすい失敗のパターンです。

対スタッフの1対1のコミュニケーションでは、目と目を合わせ、相手の状況や個性を考慮して目的を具体的に相手の立場にたちわかりやすく翻訳していたのに、対チームの場合、雑になってしまう。1対1が20組あるというイメージを持てないことで、コミュニケーションのボトルネックが生じるのです。

その点、ディズニーランドにも、ユニバーサル・スタジオ・ジャパンにも、現場のリーダーがキャストやクルーと日常的にコミュニケーションを重ねやすい仕組みが用意されていました。

チームの実情を知るための5つのチェックワード

では、どんな伝え方ならばチームは動き、育つのでしょうか。

最初のステップは、チーム内にコミュニケーションのボトルネックが生じているかどうかのチェックです。

ボトルネックとは、砂時計をイメージするとわかりやすいですね。いくら砂をたくさん入れても、砂時計の出口は狭まっていて一定量の少ない砂しか下に落ちません。その砂時計の砂の出口を広げることができたならば、一定量以上に砂は早く、そして量も多く下に落ちます。この砂の出口が狭い状態をボトルネックといいます。

病気の治療と同じで、最初にきちんと原因を探らなければ誤診がおきます。治療の前に診察することが重要です。コミュニケーションも同じで、すでにボトルネックがあるのなら、それを取り払わなければ物事はスムーズに伝わっていきません。

言葉の真意が見えなくなり、解釈の間違いが起こり、伝言ゲームのような状態になってしまうのです。すると、下は「情報が降りてこない」と言い、上は「これだけ言っているのに（砂時計でいう、情報が上で詰まってしまい、少ない量しか下に落ちない状態）、どうしてわからないんだ」と怒り出す。チーム内にボトルネックが生じている場合、そんなやりとりが繰り返されることになります。

ですから、現場のリーダーは日頃から、チーム内、組織内で次のようなチェックワードが飛び交っていないかをチェックしていきましょう。

まずは、話している人の**主語**に注目してください。話している人の主語が「あなた＝自分以外の誰か、何か、状態など」になっている場合は要注意です。

例えば、「会社が…」「○○さん（上司）が…」「時間が…」「予算が…」挙げ句の果てには、「お客様が…」などです。

それが確認できた場合には、次の5つのチェックワードを確認してみてください。

チェックワード1「また上がヘンなこと始めたよ」
チェックワード2「現場のことわかってくれないよな」
チェックワード3「情報が降りてこない」
チェックワード4「上が私のことをわかってくれない」
チェックワード5「下が私の言うことを聞かない」

チェックワードで
ボトルネックを見つける

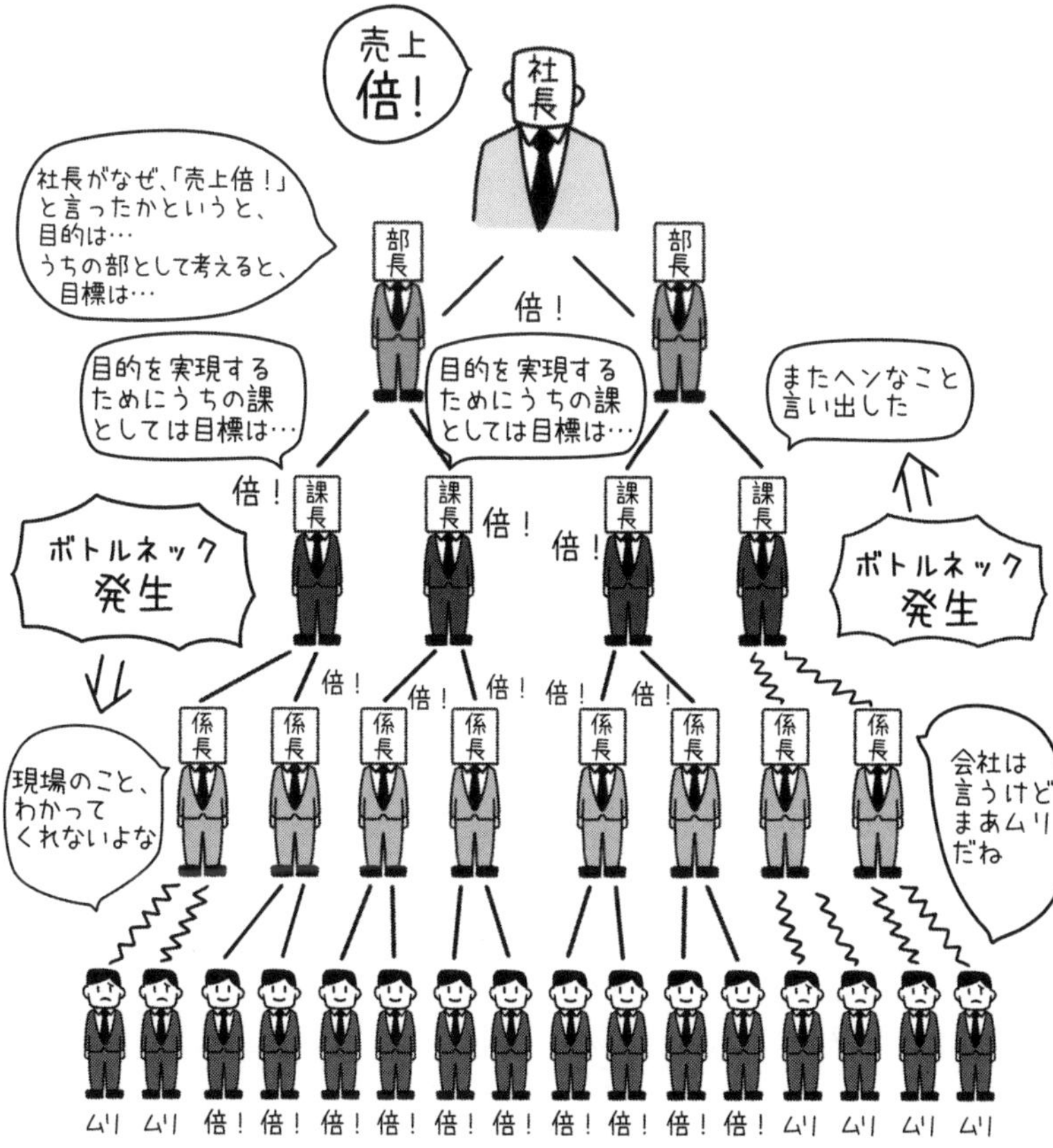

ネガティブな雰囲気をつくり出しているスタッフに働きかける

どのチェックワードもコミュニケーション不足によって発せられる言葉です。ボトルネックが生じ、自己評価が下がり、変化への恐怖が高まっていることで、ネガティブな反応が出てきます。

このような状態になったとき、必ず起きる原理原則があります。

「人は不健全になると攻撃性が高まる！」のです。

現場のリーダーにとって重要なのは、伝える前にチームをよく観察することです。どこにボトルネックがあるか。原因となっているスタッフほど、本人は「自分がコミュニケーションの溝になっている」と思っていません。ところが、チーム内のコミュニケーションの流れを妨げている人ほど、先ほどのチェックワードを口にします。怖さから逃れるため、「上が」「会社が」「組織が」「時間が」「あいつが」「お客様が」と人のせいにするのです。

そういったスタッフに気づけたら、1対1でのコミュニケーションの量を増やしていきましょう。ただし、ネガティブな雰囲気をつくり出しているスタッフの抱えている問題にリーダーが感化されないよう気をつける必要があります。

決して「**（相手の）問題を所有してはならない**」ということです。

また、コミュニケーションを心がけたからといって、すぐに効果が出ることもありません。

1回のコミュニケーションで100％伝えきり、相手に行動してもらうというところまで達する人は、まずいないはずです。それでも最もメッセージが伝わりやすいのは、目標を定めた本人が肉声で語りかけることです。

相手の反応を見ながら、段階を踏み、後日改めて場を設定したり、あなたの上司から話してもらったり、他のスタッフを交えた講習会にしてみたり、手を替え、品を替え、粘り強くコミュニケーションの量を増やしていきましょう。

ゴールは、語りかけている相手があなたの言葉をまるで自分から思いついたように話し始める状態です。**自分の伝えた内容の68％が伝わり、語れていたらまずはＯＫ！（相手を承認）**とし、そこから何回か繰り返し伝えることによって、75、85、95％と内容の歩留まりを高めていってください。ただし、あなたの考えを押し付ける形にならないよう、相手の考え方をしっかりと受容しながら、チームに関わる人が幸せになる選択となるよう導いていきましょう。

失敗する多くは、始めから「歩留まりを100％にしなければならない！」という「ねばならない思考」でやってしまいます。ガチガチにやりすぎると相手は息切れして、余計できなくなってしまいます。車のハンドルと同様に少し遊び（余裕）を持たせるくらいがうまくドライブできるコツです。

チーム内にネガティブな雰囲気をつくり出しているスタッフにガチガチではなく、柔軟に働きかけること。それがチーム全体に公平に、そして健全に物事を伝える一歩前の段階で取り組むべき、現場のリーダーの仕事です。

リーダーの原理原則

「上が」「会社が」と言うスタッフがチームのコミュニケーションの障害に。まずは、そのスタッフと1対1の対話を増やしてみよう。

チームメンバーの現在地の状況を知るための5つのチェックワード

さて、この項目はより具体的に見ていきましょう。

もうひとつ必要なことは、リーダーが現在地をしっかりと認識しておくこと。現場を効果的に成長させるためには、現場スタッフの状態を一人ひとりしっかりと把握することです。

現場スタッフの状況（現在地）を知る上でとても効果的なチェックがあります。それは、彼らが使っている言葉の隠れた主語に注目するということです。それぞれ、どんな主語を使っているのかを知れば、そのメンバーの意識がわかります。

前章でもお伝えしましたが、日本語は省略の文化なので、時にこの主語が隠れていることが多々あります。ですから、リーダーとしてそのスタッフがどのような主語を使っているのか、しっかりと耳を傾けて適切な現在地を知ることがとても重要になってきます。

5つのポイントは、以下になります。

チェックワード「依存」………「あなた（私自身以外のすべての主語）」

（例）会社が、上司が、時間が、予算が、お客様が……

チェックワード「積極的依存」……「私があなたから」

（例）教えていただけますか？　もっと知りたい、うまくなりたいです！

チェックワード「自立」………「私自身が」

（例）私にやらせてください。私がやります！

チェックワード「自律」………「おかげさまで」

（例）皆さんのおかげで、本当に○○さんの力があったから

チェックワード「相互効力感」……「私たちが」

（例）我が社が、うちの店舗が、私たちの考えでは……

現在地がわかったら、リーダーはひとつ上の状態に成長させるための投げかけを一人ひとりに対して丁寧に行っていきましょう。それが質の高い成長へとつながっていきます。

では、それぞれの段階から次のステップに成長できる問いかけのポイントを、具体的にお伝えします。

チームメンバーの状況を知る 5つのチェックワード

「依存」から「積極的依存」へ――「仕事の意味や価値、面白さ、醍醐味、すばらしさ」を伝える。

【声かけ例1】
「○○さん、仕事はどう？　大変だよなぁ。でも、この仕事は是非○○さんにやり遂げて欲しいって思ってるんだ。これを乗り切ったら必ず○○さんの成長のためになるから。仕事をやりきった時にきっとこの仕事の醍醐味、楽しさが伝わって、何のために俺たちはこの仕事をこだわってやってるのか、仕事の意味や価値が見えてくるから。一緒にがんばろう！　何かあったらいつでも声かけてね！」

【声かけ例2】
「○○さん、この仕事のすばらしさってさぁ、どう思う？　俺は○○○だなって思うんだ。本当にすばらしい仕事を一緒に出来て嬉しいよ。さらにもっと魅力的な仕事のすばらしさに気づいて欲しいって思うからいろんな事を学んでね。ありがとう！」

【声かけ例3】
「○○さん、今日も多くのお客様の笑顔のためにがんばろう！（仕事の意味や価値がお客様へのおもてなしを大切にしている場合）」

「積極的依存」から「自立」へ――「仕事が安心安全に実践に移せる環境、実践したことへの承認」を伝える。

【声かけ例1】
「○○さんが、自分から積極的に上手くなろう、もっと知りたいって思って聴いてきてくれて本当に嬉しいよ。自分の課題に対して真摯に向き合い○○の時の○○の行動、本当に僕は嬉しかった！」

【声かけ例2】
「○○さんが、がんばっている姿、いつも見てるよ！　実践する上で困ってることとかあったらいつでも相談してね！　いつも率先して行動してくれてありがとう！」

【声かけ例3】
「○○さん、いつも前向きに取り組んでくれてありがとう。さらに○○さんが、成長するために私が気づいた事を共有するね。（気づいた事を）○○○。一緒にがんばろう！応援してるよ！」

「自立」から「自律」へ――「ひとりで仕事をしているのではなく周りと協力して行っていることへの気づき、配慮、感謝の気持ち」を伝える。

【声かけ例1】
「○○さん、今回もすばらしい行動と結果が出て本当に良かったって私は思います。○○さんが、△△さんに声をかけて皆で取り組んでる姿を見て本当に嬉しかった。俺たちって最高な仲間に恵まれてるよな！　いつもありがとう！」

【声かけ例2】
「○○さんをはじめ、この仕事に関わるすべての人の力でここまで成し遂げられたこと、リーダーとしてほんと嬉しいよ。みんなありがとう！　そして、この仕事を引っ張ってきた○○さんにも皆から感謝の気持ちの拍手を送ろう！（皆の前で承認）」

【声かけ例3】
「○○さん、いつも本当にありがとう。日常的なルーティン業務になってしまうとなかなか日頃から感謝の気持ちを伝えるのができなくて、ごめんね。本当に、皆が一生懸命に働いてくれていること、ありがたいなぁって思っています。すべてのことに当たり前なんてないなぁって常に思って仕事をしてるんだ！　○○さんはどう思うかな？」

「自律」から「相互効力感」へ――「この仲間とだから高い目標が達成できるという根拠、自信、確信。協働を促進させる投げかけ、チームで達成したことへの承認」を伝える。

【声かけ例1】
「○○さん、チームワークって本当に大切だなって思うんだけど、○○さんはどう思う？　僕は、本当にチームメンバーの皆に助けられてすばらしい成果を出せていると実感しているよ。チームメンバーのそれぞれの力が掛け合わされて想像以上の成果が出ているよね。（チーム全体を承認する意識で）」

【声かけ例2】
「皆さん、○○の目標が見事達成されました！　全員でこの達成をお祝いしましょう！日頃から、全員でコミュニケーションよく目的意識をブラさず、目標に向かって進んでいけたこと、この仲間だからだよね。本当にすばらしいと思っています」

【声かけ例3】
「このチームメンバーとさらに効果的な成果を出すために、何かよいアイデアないかな？　このメンバーだからこそ、さらに高い目標に向かっていけると私（リーダー）は確信しています」

リーダーの原理原則

スタッフの現在地をしっかりと把握し次の段階へと導く投げかけを発信してみよう。

□質問

上から新しい目標や方針が下りてきても、現場のスタッフが一丸となって取り組んでくれません…。

明確な目的を持った目標を共有することで、グループはチームへと成長していきます。そう言われても、現場のリーダーからすると、ピンとこないところもあるでしょう。実際に「目標を共有することで、グループはチームへと成長していきます」と聞かされたとしても、こんなふうに思ってしまうことでしょう。

「うちの会社にはすべてのお客様に最高の幸せを提供するという大きな目標がある。その目標は働くメンバー全員が知っていて、共有されているはずだけど、うまくいっていない現場いっぱいあるぜ…」

企業には理念があり、トップが掲げる目標があります。しかし、その大きな理念や、その理念に基づいた大きな目標と、各現場のチームが共有すべき現場の目標の間にある温度差に悩むのも現場リーダーの現実です。

かといって、現場のリーダーがスタッフに「またトップが無理な目標を言い出した」「理念なんてきれいごと」とぼやき始めたら、いつまでたってもグループはチームに変わっていきません。（この状態は、トップとの絆はありますが、仲間意識がない状況なのでグループにもなっていません）。

必要なのは、大きな理念（目的）、理念に基づいた目標をそれぞれの現場に則した目標に具体的に翻訳すること。それが現場のリーダーがグループをチームへと変え、動かしていくために必要なステップです。

私がジャングルクルーズの現場のキャストだった頃、リーダーは「何のためにそれをやるのか」というそれそのものの目的や目標を具体的に翻訳してくれていましたし、私自身がリーダーになった後は、こんな風に仲間に伝えていたことを思い出します。

当時も今も、ディズニーランドでは毎朝、当日の来場者の予想人数が発表されます。そして、その来場者数から各アトラクションの待ち時間も高確率で予測できる仕組みになっているのです。

例えば、来場者数の予想から私は「今日のジャングルクルーズの待ち時間は90分前後だな」と判断していました。

90分待ちはゲストにとってストレスです。それが炎天下や冬の寒空の下となれば、なおさらです。汗が噴き出し、足元から凍えてきます。それでも並ぶという選択をする覚悟。アトラクションへの思い入れ。そんなゲストの思いを想像し、並んでいる時間をできるだけ軽減し、長いと感じさせない演出を施すのもディズニー・マジックです。

とはいえ、パークがゲストでいっぱいになる来場者数というのは、キャストにとって業務が厳しい状況なるのは、たしかです。すると、現場では「すべてのゲストにハピネスを提供する」ことよりも、ジャングルクルーズの過不足のない運営と目の前のゲストの列をスムーズにさばくことに目が行ってしまいます。

今、目の前の現場に求められる「目標」の設定の仕方がある

ここで現場のリーダーに求められるのが、まさに「目的」への翻訳能力でした。

「ジャングルクルーズのアトラクションに並ぶゲストの列で待つ時間が、15分減ったら、ここにいるゲストのみんなはパレードを見ることもできるし、もっとアトラクションやショーをたくさん体験できるよね？」

「そのときのゲストの笑顔、思い浮かぶだろう。オレたちのがんばりはきっとゲストの

心に届くよ！　またジャングルクルーズを楽しみたいと言ってもらいたいよね!!」

私は20分ごとに、キャストのみんなにこんなことを言って回っていました。

私自身がディズニーユニバーシティで勤務していたこともあり、現場のキャスト以上にハピネスを意識してよく伝える役割をしていたこともあり、ディズニーランドで働くキャストは、基本的に「すべてのゲストにハピネスを提供する」という目的意識を持ったグループだということを強く意識していました。ですから、**その目的意識に基づいた目標を目の前の状況に合わせた言葉で再確認するように導く**ことで、目が輝いていきます。

つまり、具体的な目標である「アトラクションの待ち時間を15分縮めること」＝「ゲストのハピネス」という目的がつながり、そしてそれが明確になり、グループは状況に合わせたチームとなっていくわけです。

実際、アトラクションの入り口でゲストを迎えいれるゲストコントロールキャスト、待ち列でゲストを振り分けるグルーピングキャスト、クルーズ船への乗り込み口を担当するローダーと呼ばれるキャスト、そして、降り口で船からゲストを降ろすローダーキャスト、それぞれのキャストの連携が高まると、15分の時間短縮は実現されやすくなるのです。

案内の効率が高まり、それぞれの意識が高まることで業務スピード（お声がけや、機敏な動作など）が上がり、ボトルネックが解消されるからです。

入り口のゲストコントロールキャストがゲストへの声かけをめちゃめちゃ素敵な笑顔と「ラ」のトーンの声かけで盛り上げ、それを見たグルーピングのキャストがローダーに対して「表、すごく盛り上がっていますよ。俺たちがさらに最高な笑顔と共に船までスムーズにご案内していきましょうよ！」と焚き付けるわけです。

すると、回転が速くなり、現場の熱が伝わり、ジャングルクルーズの船長も乗船してくるゲストの活気、熱気を感じ、さらに気合が入り、ゲストへの案内の質も上がっていき、良いショーになっていく。そしてアトラクションのジャングル探検が終わり、船着場に戻ってきてお見送り時のローダーのキャストが最高な笑顔で「またのお越しをお待ちしています！　ありがとうございました！」と下船するゲスト一人ひとりに対してしっかりと心を込めてお見送りをする良い循環が生まれ、現場全体に広がり（最高の場づくり）、キャストは関わった全員で成功を実体験することができるわけです。

「これだけの混雑日でも、すべてのゲストにハピネスを提供することができた」

現場だからこそ得られる実感が、個々のキャストの在り方を刺激して視座が高まり、チームとして果たすべき目的を再確認し、目標に向かってさらに行動し続けることができます。

グループでしっかりと絆という目的が機能し、仲間意識が高まっているからこそ、常に目標が達成されてもされなくても、それぞれの時に目的に従って振り返りながら、チームとして次にどうするのか、明確に動けるのです。

また、明確な目的がない目標の場合、目標を達成することが目的になるので、目標が達成されると燃え尽き症候群のような状態になって、次に何をしたらよいのかわからず、路頭に迷って立ち尽くすようなことが多々あります。

だからこそ、しっかりと目的を私たちリーダーはグループをつくり上げる際に意識して浸透させなければならないのです。

ディズニーランドが嫌いな人に何を提供するか

ディズニーランドでは、ゲストのハピネスに貢献したキャストやチームを「スピリット・オブ・東京ディズニーリゾート」として表彰する仕組みも用意しています。

これこそ、「すべてのゲストにハピネスを提供する」という「在り方」に基づいた「やり方」のひとつです。現場のリーダーが力を発揮してくれたキャスト、チームを承認し、「スピリット・オブ・東京ディズニーリゾート」の候補として推薦する。目標を共有した上で、それがうまくいったときには、しっかりと承認し、評価するための「やり方」を整備しているのです。

ディズニーランドが嫌いな人もいます。混んでいるから行きたくない。疲れに行くようなものだ。

一面では本当にその通りかもしれません。しかし、そう思う人たちも、家族や恋人に連れられて来園してくれます。そこで、キャストが果たすべき目的、目標とは何でしょう。

1日の終わり、帰っていくときに「やっぱり混んでいたけど、恋人と一緒で楽しかったな」と、自分の想像を超える幸せを感じてもらえること。そして、また明日からがんばれる！　エネルギーを蓄え、心と身体をリフレッシュして欲しい。「やっぱり疲れたけど、子どもが笑顔になって本当に良かったな」と心地よい疲れを感じながら、幸せをたくさんお持ち帰りいただくことです。

仕事でもスポーツでも、本当の楽しさは厳しさのなかにあります。

プロとして、どれくらい目の前の人に質の高いサービスをやりきれるかどうか。

３６５日運営する中で、一瞬たりとも気が抜けません。当たり前のようにやり続ける。

そういう信念（＝共通の目的）を持っているキャストがグループとなり、現場の目標を共有してチームとなることで、ディズニーランドらしいサービスが提供されるのです。

☑リーダーの原理原則

チームの目的と目標は、スタッフ全員が日々の現場でイメージできるように、言い換えてみよう。

□質問
売上目標を共有しますが、チームの動きはいまいち。罰則をつくって追い立てるようなやり方も必要かなと思い始めています…。

講演や勉強会で、ディズニーランド、ユニバーサル・スタジオ・ジャパン在職中に経験したエピソードをお伝えすると、必ず聞かれる質問があります。

「特別なサービスを提供できるのも、アルバイトばかりのキャスト、クルーがチームとしてまとまることができるのも、ディズニーランド、ユニバーサル・スタジオ・ジャパンだから、じゃないですか？」

たしかに、この2大テーマパークは独特な場です。

例えば、ミッキーマウスやミニーマウスの耳をつけたゲストが、そのまま丸の内のオフィス街を歩いていれば、場違いになりますし、アトラクションのキャストが見せる接客を映画館の窓口のスタッフが真似をしてもおかしな雰囲気になるでしょう。

でも、夢と魔法の国、ワールドクラスのエンターテイメントを提供する場にいる間は、そんなゲストやキャスト、クルーの振る舞いがしっくりきます。

講演や研修、勉強会では、そんなことを話した後、「場」についてお伝えするようにしています。

空気を読む、雰囲気に合わせる、ＴＰＯに応じた立ち振る舞い、といった言い回しがあるように、人は場から強く影響を受けます。


ですから、「ディズニーランドだから、ユニバーサル・スタジオ・ジャパンだから、じゃないですか？」という疑問が出るのも当然です。ミッキーマウスがいて、シンデレラ城があり、セサミストリートの仲間たちがいて、ハリーポッターがあり、休日を楽しむ気持ちでいっぱいのゲストが集まるからこそ、キャスト、クルーのモチベーションも自然と上がるに違いない。うちの会社、私の働くオフィスでスタッフをやる気にするには、ディズニーリゾート、ユニバーサル・スタジオ・ジャパンとは異なるやり方が必要になってくるはずだ、と。

そこで、多くの会社、あちこちのオフィスで起きている間違いが、ルールでガチガチに縛るというやり方です。目標を達成するためにやるべきこと、やってはいけないことをマニュアルに書き出し、徹底させる。ルールで縛れば、間違いがなくなり、結果的に目標を達成することができるだろうという考え方です。

「それ、誰がやったの?」
「誰がやれって言ったの?」
「何を根拠にそうしたの?」
「規定、守れよ」
「言われたこと以外はやらないように……」

リーダーが決まりを守らせる「番人」になっていく。この手法を続けていると、必ず社内の雰囲気は悪くなっていきます。チームの成熟にはつながりません。場が荒んでいきます。そのうちに、現場のスタッフがリーダーの顔色ばかりを伺うような集団になります。

人はルールで縛れば縛るほど、自ら動かなくなるからです。

自分で考えるのではなく、指示を受けたこと、ルールに沿ったことを忠実にやるようになり、指示待ち状態の受け身になり、新しい試みはリスクと捉えて手を出さないようになります。

そして、チームをルールで縛るリーダーは、それが守られているかどうかを重視するようになり、チェックマン（悪い意味での評価者）としてガチガチにしばり、スタッフ一人ひとりとの絆を失っていくのです。

リーダーが「場」をつくることで、チームが活性化する

ルールがつくられた根拠＝在り方を考えずに、『いいから守れ』と強制していると、チームは自分で考えずにリーダーの顔色だけをうかがう集団になってしまいます。

本当は、ゲストのほうを見て志事をしなければならないのにも関わらず、知らず知らずのうちに、「番人」であるリーダーの方ばかりを見て仕事をするようになっていくのです。

現場のリーダーは経営層が定めたルールと現場の現実の間で板挟みになる立場にいますが、常に「その在り方は今も状況に適しているか」という視点を失わずに、常に「何のために」という目的＝在り方を意識していたいものです。そして、チーム内で現場の現実とルールの間にギャップがあるという声が上がってきたら、しっかりと聴き取る「場」を設けましょう。

どんなルールでも絶対不変のものではありません。現場の声が納得のいくものであった

マニュアルで縛ると
指示待ちが増え、場が荒む

ら、運用方法の変更を考慮し、状況に応じた改訂の必要性を上に提案するべきでしょう。
その際に大切なことは、考え方（判断の基準）である軸＝在り方を常に意識して判断するということです。

現場のリーダーが、そうした安定的に一貫性のあるメッセージを伝え、柔軟に対応する姿勢を見せることで、スタッフは安心してリーダーを信頼し、スタッフの自主性も育ち、チーム全体も活性化していきます。

例えば、私自身が志事で活かしていたディズニー独自の本音で対話するミーティングの考え方と「場づくり」があります。

ディズニーのこのミーティングの考え方は、「ゼロベースで白紙の状態で、何の前提条件もなく、のびのびと自由に、創造的に考える」ミーティングでした。参加者は役職や肩書に関係なく、現場の今、気づいた点、疑問に思っていること、すばらしいと思っていること、さらに現場を通して良くなると思った自分の意見などを語り合います。先入観なしでのコミュニケーションによって、白紙の状態から枠を超えたワクワクするようなアイデアが飛び出します。

アイデアを出すことが先で決めるのは後ということです。ここでも、アイデアと決断を分けて考えていくことが大切です。

このミーティングの特長は、チーム全体にアイデア、気づきを語り合うセーフティゾーンを用意し、意見を出し合える「場」づくりである点にあります。

志事に関わる人たちが、それぞれの立場から「お客様がその日1日を最高に幸せな状況を私たちがつくり出すためには？」といった視点でディスカッションすること。アイデアを柔軟に出すためのグラウンドルールとして代表的なものをいくつかお伝えすると、安全で安心した状態で思うこと、考え、気づいたアイデアを話せること。そして、そこで出た内容をチーム全員が共有し、良いと思えるアイデアがあればそのアイデアに対して私は支持します！　という承認を相手に伝えて共に育てていくこと。そういう「場」があることで、世界最高峰の幸せをつくり出せる場のチームワークやサービスは支えられているのです。

あなたなりの自由な対話のミーティングを始めよう

でも、これはある特定の特殊な環境でなければできないことでしょうか？

そんなことはありません。このような自由なディスカッションの「場」をつくるのは、どんな職場でも可能です。現場のリーダーが発起人となって、2人、3人といった人数から始めていくことで、小さな創造的「場」づくりができます。

最初は「誰々が悪い」「会社がおかしい」「給料と仕事が見合っていない」など、後ろ向きの意見ばかりが出るかもしれません。しかし、コミュニケーションというのは、健全なファシリテーターである上司の進行のもと、（志事の意味や価値を前向きに自らがワクワクしながら伝え続けるというスタンスを持って関わるだけで良いのです）絶対量が増えてくると、不思議なもので前向きな方向にシフトしていくと言われていますし、現場でもたくさんそのような場面に直面してきました。

ですから、リーダーは「そんな後ろ向きのことばかり言うなよ」とルールで縛るのではなく、「場」がセーフティゾーンになるよう心がけましょう。どんな些細なことでも、「目的＝私たちの志」に合うことはすべてを受け入れるよう意識すれば、必ず良い場が生まれ、建設的な意見、創造的なアイデア、行動が出てくるものです。

回数を重ねるうちに、話の内容は「どうせ」や「できる、いやできない」のトーンから「こうやってみたら？」や「こうしたらどうだろう？」「こんなん、楽しいかも」「やる、やりたい！」へと変わっていきます。

ルールで追い立てるのではなく、安心安全な「場」をつくり、前に進むスイッチが入るまで見守っていく。これがチームを育てるポイントとなります。

「人はルールに影響されるのではなく、場に影響されるのだ！」

これが場づくりの重要性を指摘する、原理原則です。

リーダーの原理原則

自律したチームになるために、ルールで縛るのではなく、安心してなんでも話せる「場」をつくってみよう。

□質問

安心して語り合える「場」があるだけで、チームは変わりますか？　ＵＳＪの復活の背景にも「場」づくりが関係していたのですか？

実際に現場の人財育成リーダーとして、安心安全な「場」をつくっていった事例を紹介したいと思います。私がユニバーサル・スタジオ・ジャパンに入社したとき、経営層から期待されていたのは、ふたつ。ゲストサービスの向上と人財育成の質を向上させることでした。そして、そのふたつを向上させることができた重要な要因は、「場」をつくることでした。

3章でも触れたとおり、当時、ユニバーサル・スタジオ・ジャパンはネガティブな報道が続き、入場者数も減少していた厳しい時期でした。

そのような環境の中で、私たち社員は、「さらにゲストサービスの向上を目指そう！」「人財をさらに成長させるために必要なことを考えよう」と互いに叱咤激励し合いながら、どうしたらもっと良い状況を生み出せるのか、日々考えていました。

全社的な取り組みのひとつとして、経営改善を一丸となり行っている過程でもあり、当然、現場に対する期待も大きく、一人ひとりにかかる責任は増え、運営をする上で最大の効果を発揮する志事をするんだという高い志を持ちながら、毎日精一杯やっていました。

状況を好転させるため、トレーニング主任として取り入れたのがディズニーランドでも体感していた自由な対話のミーティングの考え方であり、仕組みです。明確な目的のもと、何を言ってもいい前向きで建設的なセーフティな「場」をつくり、コミュニケーションの量を増やしていったのです。

そのミーティングを繰り返すうち、「こうやりたい」というポジティブな提案が出てくるようになったのです。

そうした意見の中のひとつが、お客様とのコミュニケーションに関する疑問と提案でした。

もっとフレンドリーで、フランクでいいんじゃないか？

当時、ユニバーサル・スタジオ・ジャパンでは「ようこそ」「こんにちは」「ありがとうございます！」など、お客様一人ひとりの年齢や性別、個性に関係なく、一般的に礼儀正しいとされ、失礼のない声かけを行っていたのです。

それは、十分に機能していたのですが、ワールドクラスのエンターテイメントを提供するというさらに質の高い取り組みを考えたとき、もっとできることがあるのでは？というのが人事部で人財育成トレーニング主任をしていた時の発想でした。

早速、オリエンテーションを改定する際に考え方を取り入れ、新しくつくっていきました。

「こうした声かけは、礼儀正しいけど、堅苦しく感じているお客様もいるかもしれない。状況によっては、よりフレンドリーで、エネルギッシュで、自らも仕事を目一杯楽しんでいるという姿勢、さらにはもっと自分らしさを発揮していいんじゃないか。その方が、お客様がもっと楽しんでくれる可能性があるのではないか？　少なくとも自分たちは、もっともっと言葉に感情を乗せて、身振り手振りも交えてコミュニケーションを取っていきたい」という発想です。


この疑問と提案を話し合ったとき、私は自分の中にある前提が崩れていくことを感じました。私自身がどこかで「こうあるべき」の「べき論」で考えてしまっていることに気づいたのです。そして、各部から集まったオリエンテーショントレーナー達や人財育成トレーニングチームの仲間の発言にいつの間にか、のめり込むように話に聴き入り、ワクワクしている自分さえそこにいました。

それと同時に「お客様にもっと喜んでもらうために思いっきり出過ぎるくらいやりきろう！」「お客様の心にどんどん入っていこう」と答えていました。

「今の提案をやるなら、もっともっと思いっきり、自分たちも楽しんじゃうような情熱（雰囲気）でコミュニケーションを取っていこう。その方が逆に枠を圧倒的に超えてワールドクラスのエンターテイメント感、ＵＳＪっぽさが出て、お客様にうちらしい雰囲気や対応を心地よく感じてもらえる、驚くようなすばらしい場が出来て、ゲストと私たちクルーとの間の近い距離感をつくれるかもしれない」と。

そして、一番大切なことである「お客様はユニバーサル・スタジオ・ジャパンに何を期待しているのかな？」「何を求めているんだろう？」と質問を返しました。

やり方にこだわるのではなく、なぜ、声をかけるのか。その在り方について、1対1が20組あるという意識を持ちながら、チーム全体で考えるように丁寧に接していたのです。

ゲストに対する「心の距離感の近さ」も、ハイタッチもOK

ユニバーサル・スタジオ・ジャパンが、ワールドクラスの体験を創造する「マジカル・モーメント・プログラム」。ゲストの方たちに最高の1日を過ごしてもらうこと。それを実現するために「感情的なつながり」を大事にしていくこと。私たちはお客様とのこの「感情的なつながり」という在り方を実現するためのやり方を話し合いました。

「ようこそ」「こんにちは」「楽しんでいますか?」など、今まで大切に守ってきた礼儀正しい声かけを否定する必要はありません。しかし、感情的な繋がりをさらに意識するのならば、スタッフの個性を生かした近い心の距離感で親しみある声かけも正しいやり方のひとつとなります。

3章でも紹介したハイテンション&素敵な笑顔での「ようこそ~、こんにちは!!」といったあいさつだけでなく、身振り手振りをつけて身体いっぱいで表現する「こんにちは~~!! 楽しんでくださいね~!!」、パチンと手のひらを合わせるハイタッチと笑顔、お客様との間に肯定的な情緒的であり感情豊かなつながりが生まれるやり方ならば、「すべてOK」になります。

「場」をつくり、1対1のコミュニケーションの質と量を増やすうち、アルバイトであるクルーからもいろいろなアイデアが出てくるようになりました。結果的に人財育成の質の向上にもつながっていたわけです。

会社自体も社をあげて取り組みを強化するまでにプロジェクトが成熟していったので、クルーはそのような環境の中、自分がさらに成長したい、もっとうまくなりたい、もっと知りたい、表現力をさらにあげてゲストを幸せにしたい！　という意欲がどんどんあがっていったのです。

背景にある在り方は、感情的なつながりという考え方で、やり方は多種多様。ゴールは「マジカル・モーメントをゲストとクルーの間でポジティブな情緒的な相互作用をつくり出そう」「お客様をあらゆる手段で圧倒的に楽しませること」「あー、ユニバーサル・スタジオ・ジャパン楽しかった！　本当に来て良かった！」と帰ってもらうことです。

この芯がブレなければ、どんなゲストサービスもあり。リーダーとクルー、クルーとクルー、クルーとゲスト。人と人とのつながりの中に生まれる関係の質を上げていくことにフォーカスする、真剣勝負の日々でした。

言ったら損をするという空気を払拭すると、チームが育つ

この時期、ユニバーサル・スタジオ・ジャパンでは、子どもと共に楽しいひと時を過ごせるユニバーサル・ワンダーランドが立ち上がり、ジェットコースターが後ろ向きに走り、ハロウィンイベントがリニューアルされ、ハリウッド映画だけではなく、人気の漫画やゲームのキャラクターのアトラクション、シーズナルイベントも登場。ユニバーサル・スタジオ・ジャパンは「ワールドクラスのエンターテイメント」を提供する今までにない「場」へと変貌。それと共に上記で述べたように現場のクルーがチームとして成長を果たし、入場者数も急速に回復していったのです。

現場の人財育成リーダーとして、**コミュニケーションの「場」づくりの際に心がけたいのは、そこがセーフティゾーンであるとチーム全体に伝えること**です。

安心安全だからこそ、スタッフ一人ひとりがチームに対して、自我開示、自己開示ができるようになります。自分はこう見られたいと思っている自分（自我開示）、普段なかな

か言えてないですが、本当はこんな課題意識を持っていて、こんな面白いアイデアを持っている（本音）という自分（自己開示）。一人ひとりが自我開示を受け入れて自己開示ができるようになると、スタッフの間に良い「場」が伝播していきます。

まずはグループをつくり出すために、自分のキャラクターを出してもらうこと。そして、それを受け入れること。自己開示することが当たり前になる「場」を目指して私たちリーダーは常に現場に意識を向けておくこと。言ったら損をするという空気を払拭したところから、チームへの土台がつくられ、変化が始まります。

つまり、現場のリーダーが安心安全を発信し続け、スタッフに意識を配ると、「場」は成長するのです。

リーダーの原理原則

スタッフそれぞれが自分のキャラクターを出せるような安心できる場をつくると、チームは育つ。

□質問
やる気のあるスタッフとそうではないスタッフの間に温度差があり、チームがうまく機能してくれません…。

チームがうまく機能しないという現場のリーダーの悩みの原因として、スタッフ間の温度差があります。

コミュニケーションの量を増やす「場」づくりをしたとしても、前向きな気持ちで参加してくれるスタッフと、しぶしぶといった表情で座っているだけのスタッフ。早めに自我開示、自己開示を行い、アイデアを出してくれるスタッフと、それを冷笑まじりで聞いているスタッフ。やる気になったスタッフを冷やかして足を引っ張るスタッフ……。

全員が一丸となって目標に向かう状態になると、チームは個々の力の何倍ものチーム力を発揮しますが、現実にはなかなかそのレベルには達しません。

ここまでディズニーの独特なミーティングやユニバーサル・スタジオ・ジャパンで経験してきた成功例を紹介してきましたが、うまくいった事例でも10人中、2、3人は消極的な賛成で、ひとりは仕方なく従っている状態がありました。チームの全員が本気でまとまっていたケースはわずかです。

それでもうまくいったのには理由があります。

繰り返しになりますが、**人は「場」に影響される**からです。


10人のチームだとして、6、7人が積極的に動いてくれるようになると、全体の方向性はブレなくなります。そこで、現場のリーダーが残りの3、4人をしっかりとフォローすれば、チームはいい方向に動いていくのです。


私は経験上、「場」の影響力がプラスに転じる分岐点を68%と見立てています。

100人のスタッフがいるなら、68人から71人。そのくらいの数が現場のリーダーと同じ目標を見て、自分で考えてくれるようになると、チーム全体に本気スイッチが入り、場の雰囲気、チーム内で起こるコミュニケーションの質（内容）が圧倒的に変わります。

私がお客様の現場に入らせていただく際も、実感値として68〜71%くらいの意識改革ができた瞬間に現場の空気感が変わっています。

先ほど、ディズニーランドでアトラクションの待ち時間を15分縮めるエピソードを紹介しましたが、ああいったことが可能なレベルにチーム力が高まったのも68%を超えたあたりでした。

その前に**こちらが力ずくで本気スイッチを入れようと躍起になっても、意外なほどうまくいきません。端的に言うと、「場」が白けてしまうのです。**

それはチーム側にリーダーの熱量を受け取れる準備も整っていないからです。いくら熱量上げて言われても、スタッフは「負担にしかならない」と感じてしまう。ちょうど私が入ったばかりの頃のユニバーサル・スタジオ・ジャパンの現場には、そういう空気がありました。

現場を変えたい、良くしたいという熱量を前面に出しているスタッフと、どうすべきか悩んでいるスタッフ、その温度差があり、「場」の方向性が定まらない状態でした。

チームの成長の循環は5つのステップに分けられる

逆に「場」の持っている影響力がプラスに転じたところで、リーダーが声かけをし、お客様向けのイベントを仕掛けるなり、スタッフ参加の決起集会を開くなりして本気スイッチを押すと、後ろ向きのスタンスだったスタッフも巻き込まれます。

そうやってチームが動いたとき、次に現場のリーダーが気にかけるべきなのは、後ろ向きのスタンスだったスタッフも含めたチームメンバー一人ひとりに自信をつけてもらうこ

チームの本気スイッチのポイントは68％

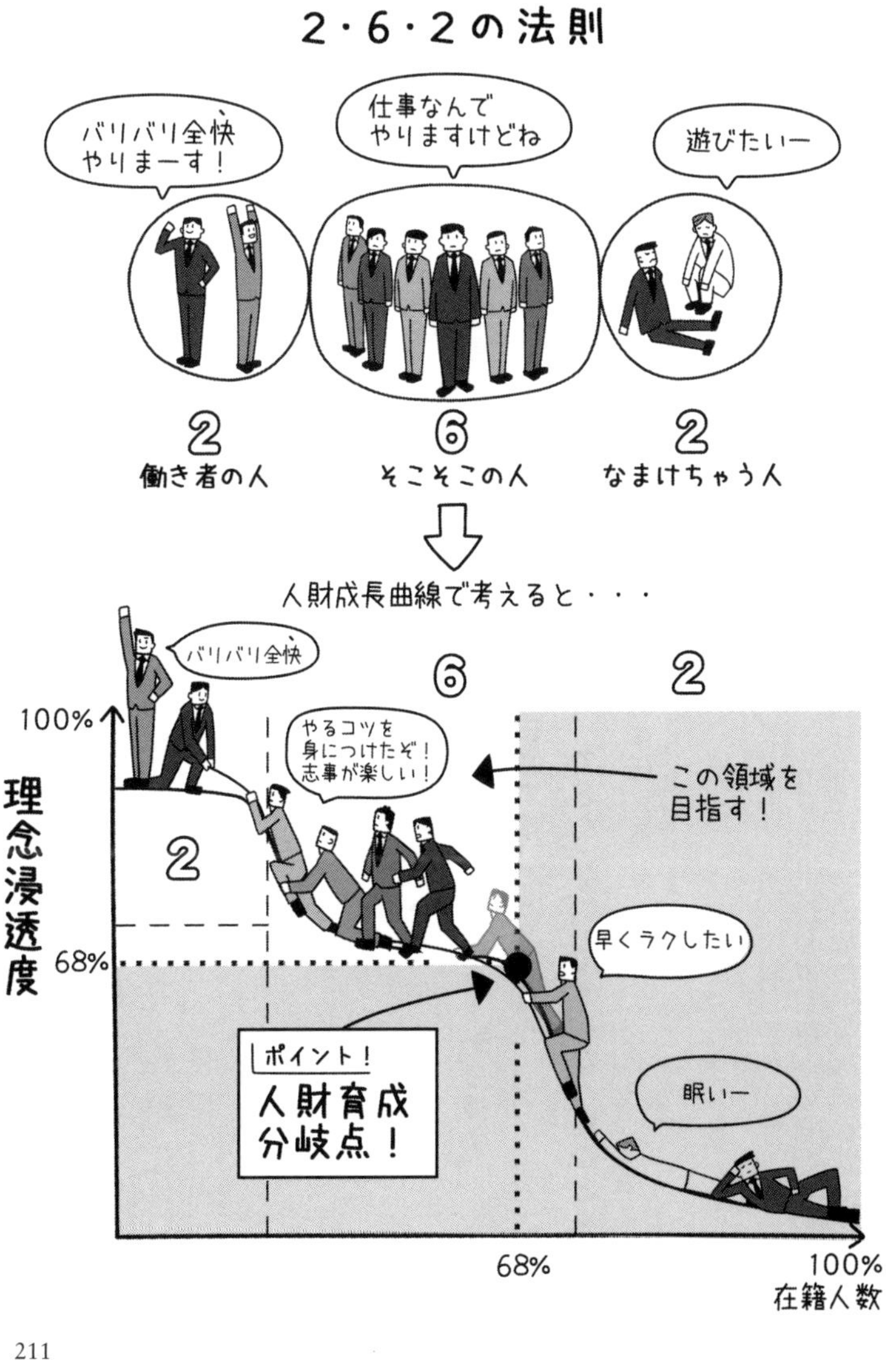

とです。

そのためには、チームの成果を評価し、個々人のスタッフのできたことを褒め、できなかったことを次なる成長課題として提示していきましょう。当然、このコミュニケーションもセーフティゾーンである「場」で行います。

つまり、チームの成長の循環は次のようになります。

・セーフティゾーンである「場」をつくる。
・コミュニケーションの量を増やし、「場」の空気を高めていく。
・「場」の持っている影響力がプラスに転じたところで、本気スイッチを押す。
・チームが成し遂げたことを具体的に観察し、評価する。
・スタッフ一人ひとりに対して傾聴し、承認し、できたこと、できなかったことを期待を持って次なる成長の課題として具体的に伝える。

自信とは、自分を信じると書きます。

誰に自信をつけてもらうかと言えば、スタッフ一人ひとりに自分自身への自信を持ってもらいます。自分自身が成功体験を積み重ねることによって、自分を信じられるようになり、自らがなぜ成功できたのか考える余裕が出てくる（振り返れる）ことによって、その成功体験は自分自身ひとりで成し遂げたことではないということに気づき、チームの仲間を信じられるようになり、ひとりでは成し遂げられない目標がこのチームメンバーとなら成し遂げられるというチーム全体を信じられる（相互効力感）ようになります。

そして、チームで結果を出すことによって、相互作用が加速し、1＋1が2ではなく、相乗効果を発揮し、十にも百にも千にもなることを実感するのです。

リーダーの原理原則

チーム変革のポイントは、前向きなスタッフが68％に達した時。ここで本気スイッチを入れよう。

□質問

たくさんのやるべきことを、チームに伝えなければいけないとき、うまく伝えるコツを教えてください。

人がぱっと見聞きして、すぐに覚えられる情報量は限られています。時折、円周率を延々と暗唱できる人や本の見開きのページにある情報をすぐに暗記できる人がいますが、あれはあくまでも特殊な能力です。

一般的に現場には多岐にわたるマニュアルが存在します。その背景には、たくさんのやるべきことを効率よくチームに伝えたいという発想があります。

ところが、いざそのマニュアルを参照してみると、創業当初に用意されたもの、部門長が変わるうちに付け足されたもの、現場でのトラブルを吸い上げて追記されたものなどが混在していることもめずらしくありません。

すべてを理解しているスタッフは数少なく、トラブルが生じるたびにマニュアルを確認。記載されていない場合は、対応の会議が開かれ、対処法が検討され、必要があればさらにマニュアルに追記されていきます。

私自身、分厚いマニュアルが現場の混乱の原因になっているケースを何度も目にしてきました。とはいえ、「マニュアル＝必要悪」ではありません。的確にまとめられたマニュアルは、現場のチーム力を確実に高めてくれます。

つまり、ポイントはマニュアルにまとめる情報の捉え方にあるのです。

私は、**「マニュアルとは、立ち返るべきもの＝標準的作業（スタンダードオペレーション）＝判断する基準となる考えの基となるもの」**と訳しています。

具体的には、何かに迷ったり、悩んだり、躓いたりした際に立ち返るもの、何かを判断する際に基準となるべきもの、それがマニュアルの役割です。

そんなマニュアルをつくるためのヒントとなるのが、ふたつのマジカルナンバーという考え方です。

アメリカの心理学者ジョージ・ミラーの研究によると、人間が短時間で処理できる情報量は「7±2」とされています。これは「マジカルナンバーセブン」と呼ばれ、認知心理学やマーケティングの世界で古くから信じられてきました。

背景にはラッキーセブンなど、人が「7」という数字に特別な意味を感じていること、心理学の実験で文字や数字を5個から9個の塊になるよう区切ると、認知や情報処理の能力がアップしたことがあります。

しかし、「7＋2は多すぎるのではないか？」とも感じます。

同じ議論は、ミラーが1956年に講演で「マジカルナンバーセブン」を話したときから続いており、認知心理学の世界で研究が続けられてきました。

そして、2001年、ミズーリ大学の心理学教授ネルソン・コーワンが論文の中で、新たなマジカルナンバーを発表しました。これが**「マジカルフォー」、「4±1」こそ、人が短期記憶で認識できるぎりぎりの情報量**だとしたのです。

このマジカルフォーは、電話番号（090-1234-5678）、郵便番号（123-4567）など、私たちの身近な場所で使われています。

ポイントは数字を区切っているハイフン（-）です。

「09012345678」では、覚えられない数字の羅列に見えますが、090-1234-5678となると、頭に入ってきます。

ハイフンが担っているのはチャンキングという役割。11桁の数字が、3桁、4桁、4桁のチャンクになり、情報がマジカルフォーの範囲内に分離されることで一気に覚えやすくなるのです。

マニュアルを作成する際、「マジカルフォー」を意識して行動基準などを整理すると、

覚えられるのは
マジカル4

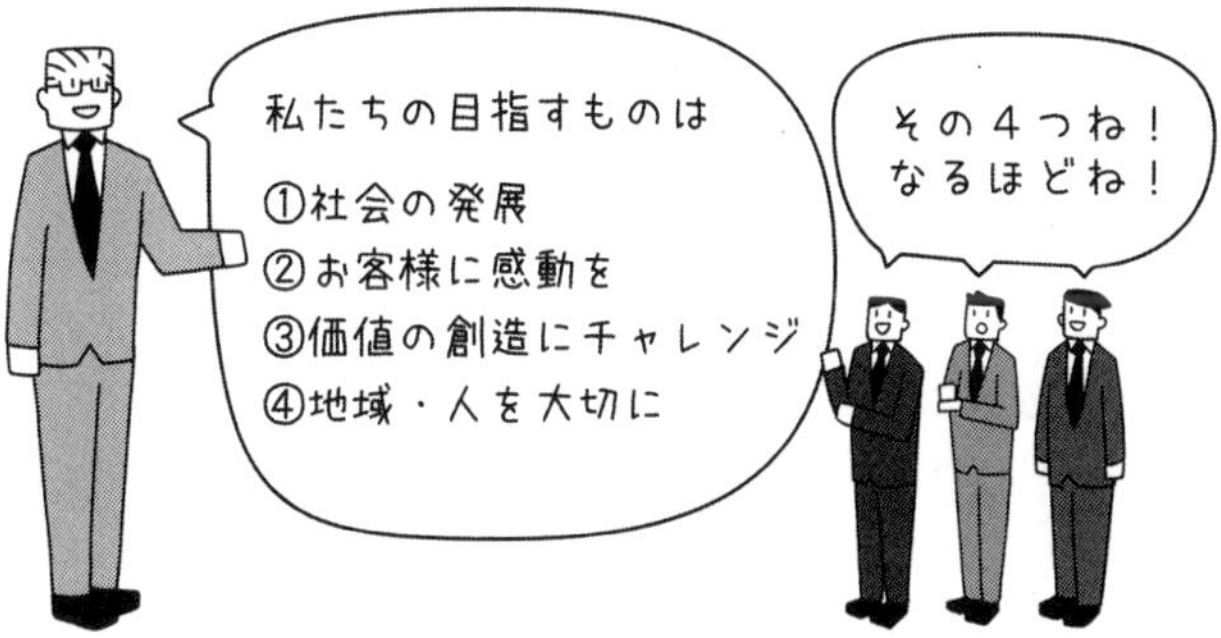

現場に浸透しやすくなります。

ディズニーランドのSCSEもマジカルフォー

現場のリーダーがチームを動かす上で重要なポイントも次の7つにまとめることができます。

・私たちがパッと認識し、理解できる情報量は限られていると知ること
・「マジカルフォー」に収めると覚えやすいということ
・情報量が多いときは、マジカルフォーに収まるチャンクに分けて、情報を整理すること
・行動指針など、数字ではない情報も3つ、4つのポイントにまとめて伝えること
・マニュアルは考え方の軸であり、行動に移すための基準であるということを意識してつくること
・なるべく平易な言葉を使い、誰にも理解できることが求められること（小学校3〜4年生の子どもが読んでも理解できるくらいのレベル）

・マニュアルにはなぜそれが必要なのかをしっかりと網羅すること（在り方＝目的）

例えば、ディズニーランドの行動指針は「ＳＣＳＥ」（Ｓ＝Safety, 安全性、Ｃ＝Courtesy, 礼儀正しさ、Ｓ＝Show, エンターテインメント性、Ｅ＝Efficiency, 効率）にまとめられており、これもマジカルフォーです。

しかし、多くの会社は企業理念、行動指針、現場のルールを一冊のマニュアルにまとめ、配布して終わりといったマネジメントをしています。これではチームは動きません。腹落ちしやすいよう、情報を整理し、わかりやすく整備するのもリーダーの仕事です。

☑ リーダーの原理原則

伝えるコツ。
覚えられる情報量は、マジカルフォー。

□質問

アルバイトを募集してもなかなか人が集まらず、時給の高い求人が出るとスタッフが辞めてしまいます…。

お金は、働くモチベーションにとって欠かせない要素のひとつです。

しかし、お金だけが働く目標となるでしょうか。

お金以上に持てる力を最大限発揮し、志事に誇りを持って楽しそうに働いている職場もたくさんあります。

実際、**私がジャングルクルーズの船長をしていた時代、1回のキャストの昇給額はほんの数円、わずかでした。**ほんのわずかの昇給でも、キャストは「やった！」と喜び、周りも「すごいじゃん！」と讃えていました。

なぜかと言えば、そこに金銭的な価値以上の意味を持たせているからです。

「みなさんはこの場所で働くことで、世界トップクラスのサービス、人財育成の方法を学ぶことができます。大学4年間の皆さんの目標はなんですか？　社会に出たときのことをイメージしていますか？　私たちはすばらしい社会人を育てるための現場を持ち、知恵、経験があります。それらを最前線で体感し、現場で育まれた知識、スキルを身に付けながら、成長することができるのです！」

私たちも学生さんたちもここで働くことの意味、価値について共有することができていたと思います。

逆に、お金になびく人はより高い時給の仕事を見つけたら、辞めていきます。そうやって去っていこうとするスタッフを現場のリーダーが言葉を尽くして引き止めるのは、一見、意味があるように見えて無意味です。

現場のリーダーから、ここで「共に働く価値」を発信する

現場のリーダーは、チームに向けて「ここで働く意味や価値」「自分たちの志事がどうあるべきか」にフォーカスし、発信していきましょう。

- **あなたは何のためにここで働くことを決めましたか？**
- **あなたは志事を通して何を自己実現したいですか？**
- **あなたのいる場で共に働くことで、チームとして何が得られますか？**

・あなたはチームを構成するスタッフ一人ひとりに何を提供できますか？
・このチームの一員でいることで、一人ひとりがどんな経験を積むことができますか？

こうしたことをしっかりと「問い」にしてチーム全体に伝えること。このチームにいることで、自分自身を高めていけると発信すること。その繰り返しによって、お金だけではない、ここで働く価値や意味を共有することができます。

チーム内の誰かが成長していることを目の当たりにすると、隣で働いているスタッフは喜びを感じつつ、ショックも受けます。負けていられないという向上心に火がつきます。現場のリーダーはこうした場の空気を見逃さず、伸びたスタッフを認め、その功績を小さなことであってもチーム内に意識的に積極的に広めていきましょう。

そうすることで、現場にヒーロー、ヒロインが生まれ、多くの仲間が近づき、追いつけ追いこせ！　という前向きな競争が生み出されます。

当時、**ディズニーランドでは時給が昇給すると、ヒーローでした。**

それは、金額にするとわずか数円が、「その人がよりハピネスを提供できる人に近づいている証」だったからです。

周りは一目置き、やる気のある後輩から「教えてください」と話しかけられ、チーム内で頼られる存在になる。そういう場をつくり、それを仕組みに落とし込んでいるのが、ディズニーランドであり、ユニバーサル・スタジオ・ジャパンなのです。

リーダーの原理原則

お金になびくものは追わず、このチームで働く意味や価値を発信していこう。

□質問

がんばれるタイプのスタッフが周りを引っ張ってくれることでチームがうまく回っています。この状態はチーム運営として正解ですか？

1章の3つの質問で、私はこんなことをあなたに聞きました。

「あなたは風邪を引いたなと思ったとき、熱が何度になったら仕事を休み、病院に行きますか？」と。

37度の微熱では？　行かない人も多いでしょう。

では、38度から39度に上がりつつあるならどうでしょう？

あなたの温度センサーは何度でアラートが鳴らすようになっていますか。

じつはこれ、現場のリーダーの危機管理にも共通する質問です。

チーム内でトラブルが起きそうなとき、必ずその予兆があります。目的なき過剰作業でスタッフが倒れてしまう前、スタッフ同士の揉め事が起きる前、チーム全体のモチベーシヨンが低下し始める前……。

アンテナを張っていれば予兆に気づき、事態が悪化する前に対処することができます。

ところが、業務に追われる現場のリーダーほど、「まだがんばれる」「もう少し様子を見よう」と問題を先延ばしにしてしまいがちです。

例えば、私が様々な現場の人財育成リーダーを担当していた時、現場のスタッフの皆さんは非常にがんばり屋が多く、39度まで踏ん張ってしまうタイプばかりでした。

繁忙期になればなるほど、スタッフのみんなはやる気を出し、無理をしてくれます。チーム内には、37度、38度でアラートを鳴らすスタッフはいなく、皆が前向き、どんどん突き進むような雰囲気がありました。私自身も熱量が高く、絶対良いサービスをつくりだす！　という想いのもと、自分の温度センサーも40度を振り切るようながんばるタイプだったため、「まとまりのあるチームだ」と思って安心していたのです。

しかし、がんばることと我慢して踏ん張ることは違います。

何が起こったかと言うと、がんばり屋のスタッフほど我慢の限界を超えた瞬間、前触れなく（実際はこちらが気づいていないだけ）いきなり息切れしてしまうのです。チームは、がんばれるスタッフの働きによってギリギリのところで支えられて機能していましたから、ひとりふたりと欠けただけで現場は大混乱に陥ります。

結果的に息切れしたスタッフが現場に復帰するまで一週間以上かかりました。早めに異変に気づき、ペースを考えてトレーニングをしていれば混乱なく運営され、チームは機能したはずです。

がんばりに頼ったチームは短期的な成果しか生み出さない

37度の段階で対処していればトラブルにならなかったのに、39度まで引っ張り、見過ごしたことでチームの力が著しく低下してしまった……という失敗を何度か繰り返し、私は現場のリーダーとして、大きな勘違いをしていたことに気づきました。

コミュニケーションを大切にするように、問題を把握するための温度センサーもスタッフと共有していなければチーム運営はうまくいきません。

リーダーは「私は37度で熱があると判断する」「みんなも37度でアラートを出してくれ」と発信していく必要があるのです。

ここでは「熱」と表現していますが、これは体調面の異変だけを表しているわけではありません。スタッフ同士の関係性によって生じているストレス、業務内容への不満、お客様とのトラブルによる悩みなど、あらゆるトラブルの芽を意味しています。

その後、私は新しいチームを率いるときには、必ず温度センサーの例え話をするようにしました。

「みんな、何度になったら病院行く?」「俺41度でも行かないっす!」「本当に大丈夫? 41度で私があなたに期待しているパフォーマンスできる?」「いや、気合です!」「本当? 自分はいいかもしれないけど、周りに対して無責任じゃない? 俺たちってチームで志事しているよね。もしあなたがインフルエンザなら、自分は気合で良いかもしれないけど、周りにどんな影響が出る?」と。

気合を評価していた時代もありました。今も気合を重んじる社風の会社もあります。それが良い悪いということは一概には言えません。しかし、がんばることと、我慢して踏ん張ることは違うということです。我慢の状態を過度にやりすぎていいことはありません。我慢しすぎると必ずリバウンドがあり、チーム全体に迷惑がかかる結果になります。

現場のリーダーが強権を発動して押さえつけた場合、あるいは大きなご褒美を示し、成果を追い求めさせた場合、チームは短期的にがんばり、結果を出してくれるでしょう。けれども、そのがんばりは一時的なものです。

チームを率いる現場のリーダーが目指すべきは、持続的で、継続的で、長期的な成果、効果を生み出すリーダーシップです。

個人プレーではなく、全体で補い合うがんばりを誇るチームに

あなたの1年間が1日24時間、365日であるように、スタッフも同じ時間があります。志事も、その日だけが良ければいいわけではなく、日々は続いてきます。ディズニーランドで言えば、365日、夢と魔法の王国としてそこにあり、それはこれからも100年、200年と続いていくはずです。

私たちが自分の大切な日々、携わっている志事を守り、継続させていくためには、どういう状況であるべきでしょうか。

短期的に過度にやりすぎてしまうような無理は禁物です。

なぜなら、息切れを必ず起こすからです。

自分自身を成長させるため、一時的に150％の力を出し、踏ん張らなければならない局面はもちろん、あるでしょう。それでも行き過ぎた状態を無理にキープしようとすると、破綻します。結果的に、人生とあなた、志事とあなた、チームとあなた、スタッフとあなた、あらゆる関係が、ウィン＝ウィンではなくなります。

自分自身がいい状態を保つには、温度センサーを働かせ、現状を診断し、休むべきときはメリハリをつけしっかりと休むことです。これはチーム運営でも変わりません。

スタッフの誰かの個人的ながんばりでチームが支えられているようなウィン＝ルーズの状況は、必ずどこかで破綻します。リーダーは39度までがんばれるタイプではなく、37度でアラートを出してくれるスタッフに目を向けることです。健全度が低くなる前に、前兆に気づき、対処することで、健全度を高く保つ状況を意識していきましょう。37度で風邪に対処することと、39度になってから風邪に対処することでは、どちらの対処が軽度で済み、早く復帰できるかは明解ですよね。

ハイパフォーマンス状態に戻るためには、個々の状態（現在地）がどうあるべきなのか。このモノサシをスタッフ一人ひとりと共有できていれば、持続的、継続的に成果を出せるチームになります。

がんばりを称える文化は大切ですが、個人プレーではなく、チーム全体で補い合うがんばりを誇る雰囲気をつくっていきましょう。

リーダーの原理原則

個人のがんばりに頼るのではなく、熱が37度になったら休むことを、チーム全体で分かり合っておこう。

やってみよう2

あなたはどっち？「できる、できない」思考と「やる、やらない」思考

仕事においての勉強と学習。この違いはどこにあるでしょうか？　そう聞かれたとき、あなたならどういう答えを用意しますか。勉強と学習。このふたつは同じように思えて、目的が違います。

勉強で得られるのは、**「わかる状態」**です。

学習で得られるのは、**「できる状態」**です。

「わかる」と「できる」では、現場での仕事ぶりに大きな隔たりが生じると思いませんか。例えば、リーダーとしてチームを率いていると、現場で「なんで『わかりました』と言ったのにやっていないんだ？」という「なぜなんだ？問題」がよく起きます。

私自身、ディズニーランドやユニバーサル・スタジオ・ジャパンの現場で何度「なんでやってないの？」と口にしたことか。リーダーが苛立つのは、部下が「できる状態」になっていると思っているからです。一方で部下が「わかりました」と言ったのに、やっていないのは「わかる状態」のままだからです。

やり方を「わかる」のと、実際に「できる」との違い。

この行き違いこそ、チームがうまく動かない原因のひとつです。

例えば、マニュアルを渡して学んでもらい、「はい、わかりましたか?」「わかりました」という会話。これは、頭の中でわかっている状態を表します。

「勉強＝わかる状態」です。

しかし、このままでは「わかる」から「できる」にたどり着くかどうか未知数です。

現場のリーダーは愛を持って寄り添い、スタッフがチャレンジする中で「ここまでは良くできている!」「あとはここをがんばれば、さらに成長する」「一緒にがんばろう!」と承認とフィードバックを繰り返していきましょう。

そして、最後にリーダー（トレーナー）とスタッフ（トレーニー）が役割を入れ替えて、

「今から、教えたことを振り返っていこう。私（リーダー）がトレーニーをやるから、あなた（スタッフ）がトレーナー役をやってみて!」

「今、私（リーダー）が教えたことを教えたとおりに同じように説明してみてください」と伝えます。

そこで、しっかりと自らの口でリーダーであるトレーナーが言ったことを同じように理解し、言える状態までなった瞬間、スタッフは「できる」の入り口に立てたことになります。

「学習＝できる状態」です。

「とりあえず、やってみよう」と言っていますか?

チーム力を高めるためには、リーダーから部下の学習を促す働きかけが不可欠です。ところが、日本の多くの組織では新人時代こそ、OJT（オン・ザ・ジョブ・

トレーニング）を盛んに行いますが、研修期間を過ぎると学習機会はがくんと減ります。

やり方を口頭やマニュアルで勉強することはあっても、上司や先輩から、在り方を聞き、やり方を実践の中で習う機会、在り方から考えたやり方を自らが見つけ出す場面は忙しい現場であればあるほど少なくなっていきます。その弊害は、チームのメンバーの仕事への参加意欲の低下となって現れるのです。

言われたからやる、指示されたから従う、マニュアルにあるから守る。こうした受け身のスタンスで仕事に臨んでいる部下と、「なぜ、その志事をやるのか？」という在り方に常に問いを持ち、リーダーに問いかける部下とでは、成長の速度、出せる成果に大きな差が出てきます。

チームを率いるリーダーにとって後者の部下が増えることが望ましいのは、はっきりしています。そこで、オススメするのが「**できる、できない**」思考と「**やる、やらない**」思考のチェックです。

会議やミーティングに参加したとき、発言するかどうか。

参加 ＜ 参画

ミーティングに出席するのが、参加です。

そこで、「なぜ自分がこのミーティングに召集されたのか」「何のためにここにいるのか」などを意識しながら、意見を表明するのが、参画です。

参加と参画。あなたや部下がどちらのタイプかを見分ける簡単な方法があります。

参加の人は、何かを問われたりした際に、理路整然と明快な答えを述べます。しかし、一旦、周囲が「それをやってほしい！」と依頼した途端、「**いや、それはでき**

ません」と態度を変えます。

そして、「それは私ではなくて○○さんがやるべきですよ」「○○さんに仕事を振っていきますね」などと言い出します。このような状態の人のことを「評論家」（ここで使っている評論家とは、知識だけに頼って、実践が伴っていない人を指します）と呼びます。

知識はあるものの、実践が伴っていないので、発する言葉にも重みがありません。これでは、現「場」の状況は変わりませんから、周囲からの信頼を得にくくなります。

一方、参画の人は、当事者意識を持ち、自らが実践する準備ができています。

ただし、参画の人には、ふたつのタイプがいます。

確実論的思考（リスク回避型）で参画する人。

確率論的思考（可能性追及型）で参画する人です。

前者の姿勢は、こんな口ぐせとなって表れます。

「○○という前例があるから、できない」

「○○という条件が整えば、できる」

「やったことがないからこれは無理だね」

「うちのルールは○○だから…（できない理由として）」

「能力、経験が足りないからできない…（できない理由として）」

「（逃げの姿勢で）まだ、早いですよ。時期じゃないですよ。準備が整ったらやります」

「できる、できない」という発想は、今までの体験、経験から身につけた「前提」「固定概念」「観念」などによって導き出された枠です。その枠にいる限りは安全だからこそ、物事の判断基準もそこが起点になります。

これが確実論的な思考です。今までの経験、慣例から見て、挑む前に可否を判定し、まずできない理由を探し、できないことを肯定的に主張し、やらないことの選択を促します。

つまり、確実論的思考（リスク回避型）で参画する人は自分ができることは率先してやりますが、できないことはやらない、評論家と大きく変わらない存在です。

一方で、確率論的思考で参画する人の特徴は、こんな口ぐせとなって表れます。

「まずは、やってみよう！」

「とりあえず、やってみよう！」

「ここは、今は○○という現状だから、やらない方がいい。準備が整ったタイミングで必ずやろう！　だから、今は別の選択肢の△△をやってみよう！」

「いろいろとチャレンジ（未知なる実践）しながら、可能性を高めていこう！」

「やる、やらない」という発想からは、常に可能性を探っていく姿勢が表れます。

かの有名なイチロー選手も、まさしくこの確立論的思考（可能性追求型）で、バッターボックスに立ち続け、1打席1打席に自ら設定した課題を乗り越えるために実践を通して学び、振り返り、次の打席でヒットを打てる確率を1厘でもあげられるようにバットを振り続けています。

その積み上げた結果が4割バッターとしての功績につながったのではないでしょうか。

確率論的な思考とは、今までの経験、慣例を踏まえつつ、ひとまず、自らの可能性を上げるためにチャレンジし続けてみようと考える前向きな行動に結びつきます。

あなたは仕事において、どちらの言葉を多く発しているでしょうか?

参加する姿勢の人は、「できる、できない」という発想で物事を考えます。

一方、本当の意味で参画する姿勢の人は、「やる、やらない」という発想で考えます。

改めて、あなたは今、評論家か、実践者か

とはいえ、ミーティングに参加することにもメリットはあります。それは情報が得られることです。情報は耳から入り、蓄えられます。そして、その情報を元にして、職場の問題点などを指摘することができます。

しかし、こうしたタイプは評論家と呼ばれ、あまり評価されません。

一方、参画の姿勢で取り組み、情報を得るだけでなく、ミーティングで発言し、責任を負って行動に移す人は、実践者と呼ばれます。

評論家 ＜ 実践者

実践者がすばらしいのは、手を動かし、頭を使い、仕事から多くのことを学んでいく点です。まさに、行動こそ力なり! です。

現在のやり方のメリット、デメリットに気づき、在り方の在り様について考え、リーダーと対話しながらチームにとって欠かせない働きを見せてくれます。

参画する人は実践者として、自らが体験したことが前提として発信されるので、一言ひと言の言葉の重みや、

周りに対する発信する影響力が大きくなります。

そして、実践者の頭脳には現場で培われる**知恵**と**経験**が蓄えられていきます。参画の姿勢でより多くの場数を踏んだ人は、**経験知**を持つ、より良い実践者としてチームのメンバーから頼られる存在となるのです。

ちなみに、経験知の「ち」は「値」ではなく、「知」。これは厚みのある経験によってもたらされた知恵の知、「知の恵み」という意味です。まさしく、知恵の集合です。

経験知が厚くなることによって、引き出しが多くなり、どのような状況でも対応できる自信と行動力につながります。

ここまで来れば、あなた自身がどちらのタイプを目指すべきか、部下をどちらの方向に育てていくべきかの答えは自ずと出ていると思います。

参画する意識を持った実践者を目指し、部下の育成の際も同じ方向性を心がけましょう。

現場ですぐにできる参画と実践が、3章で紹介した「Swing the bat !」「バットを振ろう！」です。

現場のリーダーにとって「やる、やらない」の確率論的思考で仕事に臨み、部下にもバットを振ることのできるセーフティーゾーンを用意することで、チームは経験知を得ていくことができます。

なぜなら、参画の姿勢でバットを振った部下は、失敗しても成功しても「もっとうまくなりたい」という気持ちを持つからです。すると何が起きるか。チーム内にＯＪＤ（オン・ザ・ジョブ・ディベロップメント）、自己開発の気運が高まります。

バットを振ることで、人は自分の強みと自分の課題に気づきます。そして、人はその実感の中からしか、大きな成長は得られません。いくら本を読んでも、いくら成功者の話を聞いても、参加の姿勢、評論家の立ち位置では、実感は乏しいままです。

イノベーションを生み出す最強のチームとは？

打席に立ち、バットを振ったことで実感する**自己効力感**＝**「私はできる」**という小さな成功体験。それを知っている個人が集まったグループが、ひとつの目標に向けてチームとなったとき、個々の力の何倍ものシナジーを発揮することで大きな成果を生み出すことができます。

これが最強のチームです。お互いがお互いの強み、お互いがお互いの課題を知り、足りないところは補い合える関係。相互理解のあるチームからは予想もつかないイノベーション、**「この仲間とだからこそ、高い目標も間違いなく到達できる！」という相互効力感**や行動力が生まれるのです。

改めてこのメンバーなら、できる！　そう信じ合えるチームをつくる第一歩が、「できる、できない」思考を「やる、やらない」思考へと切り替えることなのです。

今のチームの状態をチェックしてみよう!!

OJT（仕事の実践）

仕事に対して
あなたはどちら?

参加 → **評論家** → 知識のみ身につく

参画 → **実践者** → 行動から知恵がもらえる

どう
行動する?

確実論的思考で実践
（リスク回避で現状維持）
→ 経験知が積み上がらない

確率論的思考で実践
（可能性を追求してチャレンジ）
→ 質の高い「知」の恵みが
たくさん手に入る

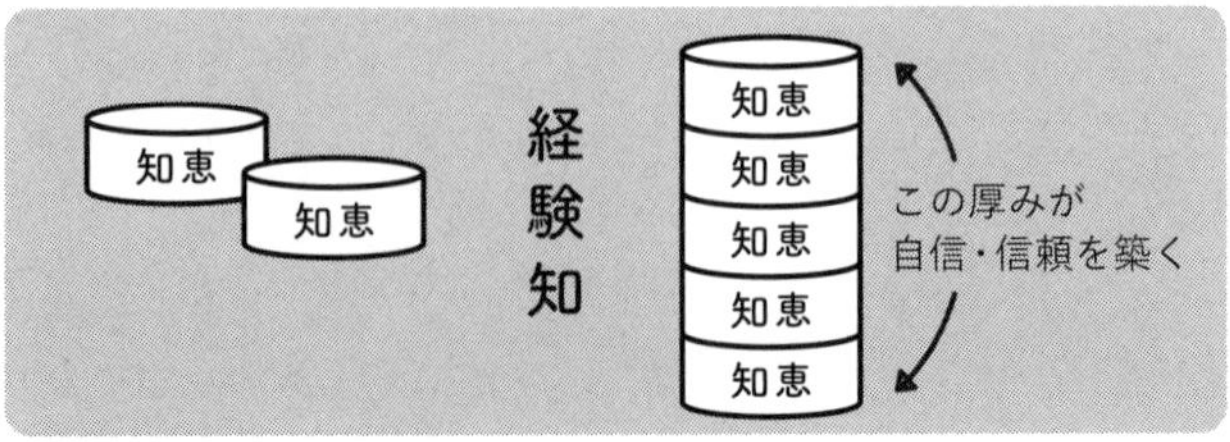

☑ 質の高い成果を得る原則

**OJTを確率論的思考で実践し続け、知恵を積み重ねて
経験知を厚くする。**

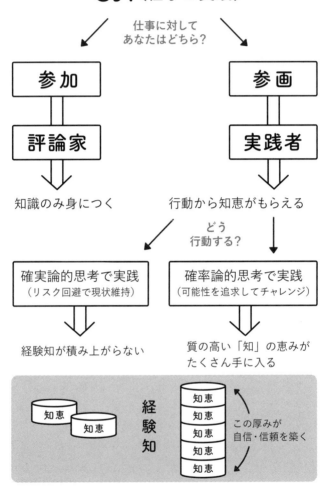

5章

お客様が輝く！
リーダーの原理原則

□質問

「お客様第一主義」「お客様を大切に」「顧客満足を追求する」会社はすばらしいスローガンを掲げていますが、現場には浸透していません…。

日本には、何らかの形で「お客様第一主義」的な言葉を企業理念に盛り込んでいる企業が全体の半数以上あると言われています。しかし、どうでしょうか。あなたは「ひとりのお客様」として生活していて、第一に大切に扱われ、満足を追求してもらったと実感しているでしょうか？

現実には、満足した瞬間はわずかで、だからこそ、すばらしい対応をしてくれた店や場所があれば、日常から非日常感を味わい、癒され、ファンになっていくのではないですか。

この5章では、「私とお客様」という視点で現場のリーダーであるあなたとお客様、スタッフとお客様の関係にフォーカスしていきます。

「お客様に喜んでもらいたい」
「来てよかったと笑顔になってもらいたい」
「また遊びに来ますと満足して帰ってもらいたい」

時に邪心が入ることはあっても、リーダーを含め、現場に立つ人間のほとんどは心のなかで「お客様に喜んでもらいたい」「満足してもらいたい」と願っているものです。そして、多くの企業が企業理念として「お客様第一主義」を掲げています。

ところが、現実にはさまざまな現場で、お客様が「大切にされていない」と感じながらサービスを受けている実態があります。この食い違いは、現場のリーダーが「やり方」にこだわるか、「在り方」にこだわるかによって生じてきます。

一例として、ディズニーランド、ユニバーサル・スタジオ・ジャパンと一般の遊園地を比べてみましょう。

遊園地の現場で働いているスタッフに「何をしている人ですか?」と質問すると、「私はアトラクションの担当なので、アトラクションを運行するのが仕事です」と答えてくれます。物販の店舗に立つスタッフは「私はお店をやっています。遊園地のおみやげを売っています」と言い、飲食店のスタッフは「私はレストランにて、お客様に飲食物を提供しています」と答えるはずです。

では、ディズニーランドや、ユニバーサル・スタジオ・ジャパンではどういう答えが返ってくるでしょうか。

ディズニーランドであれば、どこのキャストでも、何の志事の担当であろうと必ず「**私たちはゲストにハピネスを提供しています**」と答えます。

ユニバーサル・スタジオ・ジャパンであれば、どこのクルーでも、何の志事の担当であろうと必ず「**私たちはありえないワクワク・ドキドキ（マジカル・モーメント）を提供しています**」と答えてくれるでしょう。

これが夢と魔法の国であるディズニーランドを、ワールドクラスのエンターテイメントを提供するユニバーサル・スタジオ・ジャパンを、訪れるお客様の満足度を高めているポイントです。

マニュアルのコピーは、長続きしない

多くの企業がディズニーランドを見学に来ます。なかには遊園地やテーマパークから視察にやってくる方々もいます。それでも受け入れるディズニーランド側の現場キャストは、「どうぞ、ご覧ください」とオープンです。

なぜかと言えば、視察に来る人々の多くは、お客様へのサービスの「やり方」にしか目を向けていないからです。笑顔のつくり方、お客様とのアイコンタクトの仕方、あいさつの言葉や抑揚、タイミング。ディズニーランドでうまくいっている＝お客様が満足している「やり方」を、それぞれの現場へ持ち帰ります。

すると、どういうことが起きるでしょう？

当初、1週間、2週間は「成果があった。やはりディズニーはすごいな。うちの会社もディズニーっぽくなった」と評判になります。ところが、1カ月、2カ月過ぎると現場から「あれ？　効果が尻すぼみで、逆にお客様の反応が微妙になってきた」という声が上がってくるようになるのです。

なぜなら、「やり方」しかコピーしていないからです。

ディズニーランド、ユニバーサル・スタジオ・ジャパンには、サービスの「やり方」を記したマニュアルよりも大切にされているものがあります。それは、「やり方」をまとめたマニュアルを超えた「ゲストにハピネスを提供する」「ゲストにありえないワクワク・ドキドキ（マジカル・モーメント）を提供する」という「在り方」です。

笑顔、アイコンタクト、声かけ、あいさつ。キャストやクルーは、それぞれの質をさらに高め、さらにお客様に喜んでもらいたいという熱い思いを持ち続けています。これはサービスを提供する側が、「在り方」を大切にしているからです。

「やり方」はすぐにコピーできますが、「在り方」から表現される一つひとつの行動の「質」はコピーできません。

だから、視察を受け入れる側の担当者は、ライバルがやってきても「いくらでもやり方を持って帰ってください」と笑顔でいられるのです。

現場のスタッフ一人ひとりが「私とお客様」という視点を持ち、お客様に接する「在り方」を意識できていなければ、サービスの質は上がりません。

魔法のようなサービスは何ひとつ行われていないが、感動する

とはいえ、ディズニーランドやユニバーサル・スタジオ・ジャパンで行われているお客様への対応は、本当に基本的なことばかりです。

パークの入口でお客様を目一杯の笑顔でお出迎えします。園内で困っている人を見かけたら、気づいたキャストが職種に関係なくお声かけをし、自分ができる範囲内で全力を尽

くします。それはまるで、自分にとって一番大切なお友達や、この人なくしては生きていけないという愛すべき、尊敬すべき人が我が家に来てくれたかのようなおもてなしです。そして、お帰りになるお客様にステキな思い出が残るよう、再び目一杯の笑顔で送り出します。

ディズニーランドやユニバーサル・スタジオ・ジャパンに遊びに行き、冷静にそのサービスのやり方を見ていくと、魔法のようなことは何ひとつ行われていないことに気づくはずです。

お出迎えをし、困っていることがあれば対応し、大切な人と同様に接することでおもてなしの気持ちを持って対応し、お見送りする。これはどこの飲食店、販売店でも心がけていることです。ただし、他のサービスの現場とディズニーランドやユニバーサル・スタジオ・ジャパンのそれを比べると、「在り方」からくる「やり方」の「質」がまったく違います。

例えば、何か困っているゲストがいたとします。すぐに困っている様子を発見したキャストはゲストにお声がけに行きます。そこで、ゲストからこんなことを言われました。

「この近くで一番近いトイレはどこでしょうか？」

そのゲストに伝える際に、とっさの判断ですが、いくつもの思考が働きます。まず、このゲストのトイレに行きたい緊急性はどうなんだろう、そして、このゲストはトイレが終わったら次にどのエリアに行かれるのだろう、などなど。

もし緊急性の高い場合には、距離的な近さも考えますが、それ以上に、ゲストのことを考えると一番大きくて比較的待ち時間の短いところをご案内すべきです。

そして、そのゲストにまだ余裕がありそうな場合だったら、トイレの後にどのエリアに向かうのかをしっかりとお伺いし、そのエリアにスムーズに移動できる途中のトイレをご案内したほうがきっとゲストのためになる。もしかしたら、このご案内も自然に行っているうちのひとつなので、そんな観点からキャストがご案内をしていることさえ気づかないゲストのほうが多いかもしれません。

しかし、たとえ気づかれなかったとしても、それでよいのです。最高のおもてなし、相手のことを本気で思う在り方とはそういうものなのです。

一つひとつの行動の丁寧さ、目の前にいるゲストが今までどうしてきたのか、これからどうしたいのかを見越して一番居心地の良い、幸せな選択を率先して選択します。業務の質は圧倒的に高く、人は目に見えない「質の高さ」に惹きつけられます。だから、お客様

誰にも負けない
「ありがとうございました」を

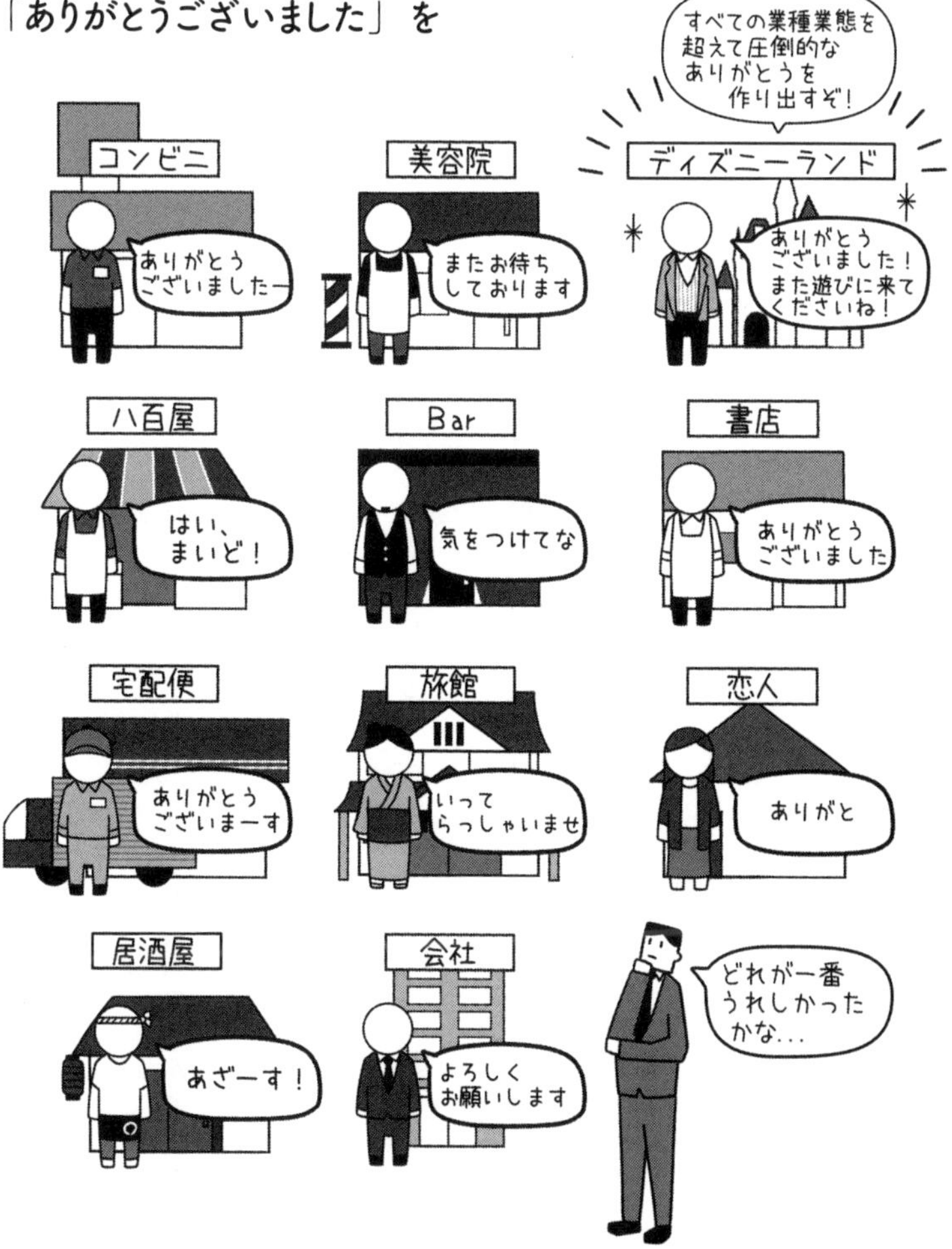

が感動し、また行きたいと思ってくれるのです。

例えば、あなたが飲食店の現場のリーダーだとして、こんな疑問を持ったことはあるでしょうか？

自分の店の「いらっしゃいませ」の質は、地域にある飲食店のなかで何番目だろうか？

お客様が日々使っている美容室よりも質の高い「ありがとうございました」だろうか？

この町にあるお客様サービスを提供している施設の中でダントツの一番を取れているだろうか？

提供している料理と値段は、お客様のコンビニでの買い物を1回我慢して来店してくれる競争力があるだろうか？

同業のお店、同業他社だけが競合相手ではありません。なぜなら、お客様のお財布はひとつだからです。現場のリーダーが「うちはディズニーランドとは違う業界だから、あのレベルにいかなくてもいいですよね」と言っていたら、スタッフがサービスの質にこだわってくることはありません。

ディズニーランドの「ゲストにハピネスを提供する」という「在り方」は、キャストがパーク内でゲストの皆さんに最高の1日を過ごしてもらうため、「自分に何ができるのか？」を主体的に考え、率先して実行していくことを表しています。

ユニバーサル・スタジオ・ジャパンの「ゲストにワールドクラスのエンターテイメントを提供し、ありえないワクワク・ドキドキ（マジカル・モーメント）を感じてもらおう！」という「在り方」は、クルーがパーク内でゲスト一人ひとりに対してしっかりと向き合い、最高の1日を過ごしてもらうため、「その人の心の中にあなたはいますか？」というメッセージを考えながら、自ら創意工夫しながら最高な1日になるようにクルー自らがゲストを巻き込み実行していくことにつながっています。

現場のリーダーであるあなたは、どこを見て志事をしていますか？

「私とお客様」という「在り方」にフォーカスしていくと、質の違いに目が行くようになります。すると、取り組むべきことがいくらでもあることに気づけるはずです。

リーダーの原理原則

同業他社だけではなく、どこのお店や会社よりも質の高い「ありがとうございました」が言えているか、問いかけてみよう。

□質問

明るくてお客さんからの評判のよかったアルバイトが辞めたことで現場の元気のよさがなくなってしまいました…。

「いらっしゃいませ！」

「ようこそ、こんにちは！」

それぞれの現場で、お客様がいらっしゃったときに必ず発する声かけがあると思います。こうしたあいさつ、お出迎えの言葉にも当然、「在り方」があります。元気よく、お客様の目を見て、ひとりが発声したら全員が追従するといった形でマニュアル化され、習慣化されている「いらっしゃいませ」は「やり方」の繰り返しに過ぎません。

現場のリーダーからスタッフに「なぜ、お客様にお出迎えの言葉を投げかけるか？」と問いを投げかけること。当たり前にやっていることについて、あえて聞くことで「私とお客様」の「在り方」が見えてきます。

以前、ある飲食店のコンサルティングを行ったとき、こんなことがありました。

明るい雰囲気の店で、店長はスタッフの自主性を重んじ、あいさつの仕方に関しても任せていました。しばらく観察していると、お客様の来店時に「こんにちは！」と大きな声であいさつをするスタッフもいれば、「ようこそ！　来店ありがとうございます」と言う人も、さらりと「いらっしゃいませ！」で済ませている人もいました。

そこで、休憩時間にそれぞれのスタッフに「なぜ、そのあいさつにしているのか？」を聞いてみたのです。

すると、「いらっしゃいませ！」と言っていたスタッフは、「飲食店は普通『いらっしゃいませ』って言いますよね？」ときょとん。

一方、「こんにちは！」と大きな声であいさつしていたスタッフは、「大きな声で言ったら元気よく感じるじゃないですか。僕は元気の良いお店にしたいので、そうしています」と言い、「ようこそ！　ご来店ありがとうございます！」と声かけしていた人は、「私はウエルカムの気持ちを出したいと思っているんです。お客様のなかには遠くからうちのお店に足を運んでくださる方もいるので、『ようこそ』をつけたいんですよね」と理由を明かしてくれました。

お互いの「理由」を聞いたスタッフは、店長も含め、それぞれに「そんなこと、考えていたんだ！」と驚き、「どういうあいさつをしたら、もっとお客様が喜んでくれるか」の話し合いになっていきました。

どんな「在り方」で言葉を発しているのか。

表面に出ている「やり方」の根っこを語ることで、言わなければ本人しかわからない暗黙知が見える化した形式知になり、誰もが理由を知る集合知に変わります。

きっと、「いらっしゃいませ！」と自動反応的に何も考えずただあいさつしていたスタッフには、内心衝撃が走っていたことでしょう。

そして、形式知となったところで、みんながより良い方法を探る話し合いを始めると、「元気の良い店にしたい」「ウェルカムの気持ちを伝えたい」というそれぞれの「在り方」が重なりあい、集合知となって「やり方」の基準が見えてきて、高い基準に保とうという状態である「質」が高まっていくのです。

フェイス・トゥ・フェイスのコミュニケーションを結ぶためには？

あいさつに関して、ディズニーランドやユニバーサル・スタジオ・ジャパンではゲストに対して、単なる「いらっしゃいませ！」という言葉を使いません。なぜなら、「いらっ

暗黙知から形式知、集合知へ

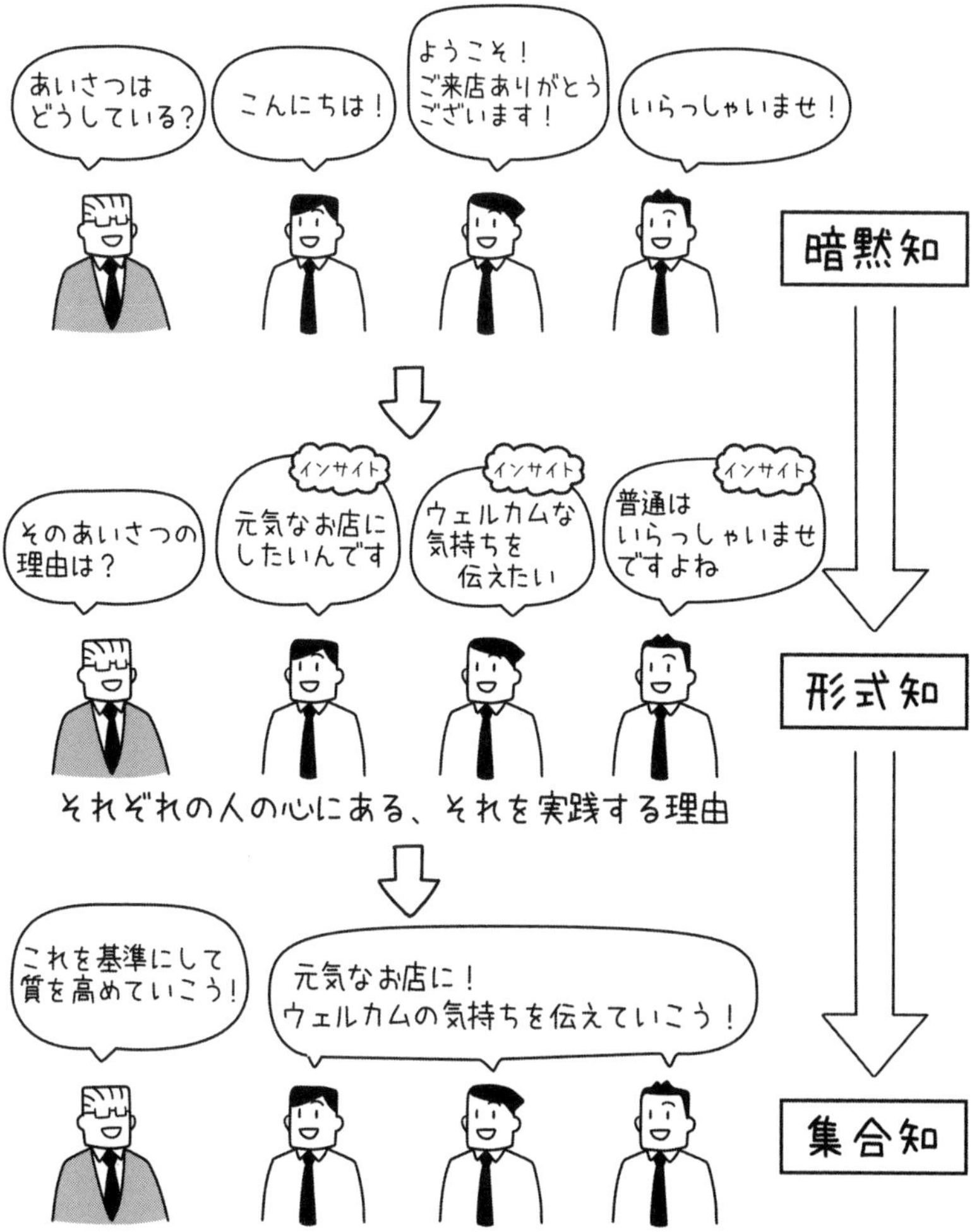

しゃいませ」はお客様からの返答が期待できないワンウェイワードとされているからです。「いらっしゃいませ」と言われて、言われた相手はどのような反応をするでしょうか。気を利かせて、「いらっしゃいました！」なんて返してくれるお客様は、稀ですよね。反応を返してくれたとしても、会釈をするか、アイコンタクトでにっこり目を合わせるとかが限界ではないでしょうか。つまり、会話のきっかけである返答を自然な形でもらいたい場合、ワンウェイワードは都合が悪いということです。

ディズニーランドやユニバーサル・スタジオ・ジャパンでは、**「あいさつの言葉はツーウェイワードで」**が集合知になっています。

ですから、基本は「ようこそ、こんにちは!!」。キャストの「こんにちは！」には、ゲストも「こんにちは」と返しやすく、フェイス・トゥ・フェイスの自然なコミュニケーションが生まれやすくなります。そういう環境を意識的につくり出すツールが、ツーウェイワードなのです。

実際、リピーターの多い飲食店、ファンの多い営業マンは、自然と「いらっしゃいませ、こんにちは！」とか「ようこそ、こんにちは！」と、「こんにちは」を語尾につけたあいさつをしています。すると、お客様は、「こんにちは」と自然と返してくれ、話に花が咲くのです。

「ありがとうございました。またお越しください」と見送られれば、「ありがとう。またくるね～」と気持ちを込めて言いたくなります。

双方向のコミュニケーションは必ずお互いの感情にも影響します。どれくらい熱量高く、想いを伝えることができるのか。その背景には、ワンウェイワードか、ツーウェイワードかの違いがあり、声かけをしているスタッフの「在り方」があります。

これを暗黙知のまま、個人の力にしておくか、形式知に変えるかはリーダーの働きかけ次第です。これも一種の場づくりのやり方と言えるでしょう。

リーダーはスタッフに、「うちの会社、うちの店はワンウェイワードでいくか、ツーウェイワードでいくか。どちらがいい？」と問いかけていきましょう。

「お客様に喜んでいただくために、お客様との距離感を近づけたい、もっともっとお客様の声を拾いたい。鮮度が良い生の情報が欲しい。だから、ワンウェイワードではなく、ツーウェイワードでコミュニケーションしていこう」というメッセージは、スタッフに伝わるはずです。

習慣的なクセで大きな声での「いらっしゃいませー！」は、現場で好評価を受けます。

もちろん、声出しをしないよりもすばらしい。でも、「自分たちがお客様との間に築きたい関係性とはどういうものか？」という「在り方」を問い直した場合、「こんにちは！」の力に気づけるはずです。

暗黙知でやれているスタッフの「やり方」を支える「在り方」を語り合い、チームの集合知としていくこと。たったそれだけで、あなたのチームとお客様を結ぶ絆は太くなっていきます。

☑ リーダーの原理原則

「自分たちがお客様とどういう関係性を築きたいか」を問いかけると、「いらっしゃいませ！　こんにちは！」の声かけの在り方が変わってくる。

□質問
普段はしっかりとお客様と接することのできるスタッフがたまたまミスをしてしまったとき、どう対処するべきでしょうか？

ゲストに「こんにちは！」と呼びかけるテーマパークの声かけでは、常に質の高いお客様とのコミュニケーションが保たれている……。ＯＢとしてはそう書いてしまいたいところですが、現実はそれほど完璧ではありません。

どんなに「在り方」が共有されて、定着していても、人間がやることです。繁忙期や自分自身がいっぱいいっぱいになっているときには、対応が雑になることもあれば、ミスも起こります。

特に園内に入場者数がいっぱいになる時間帯には、ツーウェイワードではない「こんにちは！」が連呼されるようになります。

例えば、ディズニーランドではアトラクションへとゲストを案内・誘導するキャストが待ち時間の案内をします。

その際、「こんにちは！　ようこそ！　こんにちは！　こんにちは！」「ただ今、60分待ちでご案内しておりまーす！」というトーンになっていくのです。文字で見ると、さほど違和感はないかもしれません。

しかし、現場で起きているのはこんな現象です。

アトラクションのキャストは、あまりに来場者数に圧倒され、ゲストがたくさんひしめき合っているところに向かって、叫ぶように「こんにちは！」を連呼。誰かと視線を合わせることなく、空に向かって「ただ今、60分待ちでご案内しておりまーす！」と声を張り上げています。

これはフェイス・トゥ・フェイスのコミュニケーションを重んじるディズニーランドではNGです。

ゲストの立場からすると、顔を見てくれず、目も合わさずに連呼される「こんにちは！」は、あいさつや案内ではなく、単なる騒音になります。しかも、大きな声を張り上げていますから、その声を張り上げて叫んでいるスタッフの近くにいて、アトラクションの入口を通り過ぎようとしているゲストは、その声にビックリしてしまいます。

このように「私とお客様」という関係性で重要な「在り方」を理解していても、状況の変化によって「やり方」を間違えてしまうという現象は、どんな現場でも起こりえることです。

録音テープではなく、人が案内する意味と価値

ですから、現場のリーダーは「在り方」を再確認することを怠ってはいけません。

一度、全員で共有することができたからといって安心せず、ほころびを感じたらすばやくフォローすることが必要です。

テーマパークにおいての現場教育ではスタッフが「やり方」を間違えたとき、リーダーがその場で**鮮度が高いうちに必ず「在り方」を伝え、「やり方」を当の本人に考えてもらっています。**

「どんなに多くの人数が待っていても、必ずゲスト一人ひとりの目を見ながら声かけをしましょう。そうでなければ、あなたの言葉は騒音でしかなくなります」と。

すると、言われた側のキャストは言い訳します。

「だってこんなにたくさんのゲストがいるじゃないですか。一人ひとりの目を見て言っていたら、全員に伝わらないですよ」

そこで、リーダーはこう諭すのです。

「違います。**ひとりのゲストの目を見て伝えたら、必ずその視線の先にいるゲストも『自分のことを見てくれているな』『私に伝えてくれている』と感じます。**全員のゲストを見ることができなくても、一人ひとりに視線を合わせることで、周りにメッセージが伝播していくのです」

不特定多数の人に向けて、大きな声で情報を発信するだけであれば、録音テープを流すだけでも事足ります。しかし、自動音声での案内を聞いて「大切に扱われ、満足を追求してもらった」と感じる人はいないはずです。

目の前のキャストがこちらを見て、「私」が待っていることを感じ取ったうえで、待ち時間を案内してくれるから、ゲストは安心して60分の行列の最後尾に並ぶことができるのです。

リーダーの原理原則

ミスのリカバリーは、その場ですぐに。
「やり方」のミスでも「在り方」を再確認しよう。

□質問

毎日、たくさんのお客さんと接する仕事をしています。お客さん一人ひとりを大切にしたいのですが、忙しさのあまり思うようにいきません…。

接客面からユニバーサル・スタジオ・ジャパンのV字回復を支えた施策があります。それが「マジカル・モーメント・プログラム」です。これは「クルーがゲスト（顧客）個人に対して積極的に声かけを行うことによって、その人だけの特別な、ありえないワクワク・ドキドキするような体験を提供する」というもの。私も含めたプロジェクトチームが2009年に立ち上げ、クルーが来場者に積極的に声をかけ、「マジカル・モーメント」をつくり出そうという施策でした。

現場のリーダーは試行錯誤を繰り返し、マニュアルを超えたサービスをするためには何が必要なのか、考える日々が続いていました。

本当に頭が下がるくらいの熱量で一生懸命に取り組んでいました。しかし、努力はすぐにそのまま成果として現れにくいものです。現場でも、これ以上、何をすればよいのだろうという消化不良が起き、お客様へのサービスの質が頭打ちになっていたところもありました。

この課題を改善するための取り組みが、「マジカル・モーメント・プログラム」でした。そこに詳細なマニュアルはなく、全員が共有していたのはやはり、「在り方」である考え方でした。

例えば、ショップでハリー・ポッターのグッズを買ったお客様に対して、ゲストを笑顔にするために世界観を共有したい!! という志のもと、ショップのクルーがホグワーツ魔法魔術学校のストーリーを伝えたり、ハリー・ポッターのアトラクションの魅力を映画の登場人物のように伝えたり、といった会話を行っていくわけです。

これも、ただ一方的に話すのではなく、「どのようなことを伝えたらゲストは喜んでくれるんだろう」、「ゲストは何を知りたいのだろう」、「このエリアでもっともっと、ゲストが楽しめるための場づくり、情報ってどんなことがあるだろう」と考えていきます。

こうしたクルーとのコミュニケーションによって、ゲストは「クルーの皆さんとのやりとりを通じて、本当に魔法のようなすばらしい時間を感じることができました！」、「本当に大切に扱われた、感動しました！」と、ユニバーサル・スタジオ・ジャパンでのマジカル・モーメントを持ち帰ってくださるのです。

それはアトラクションやショーでの楽しさとはまた、一味違う種類のおもしろみ、温かみがあり、「またユニバーサル・スタジオ・ジャパンに行こうかな」という動機付けになっていくのです。

現場のリーダーから全クルーに対して、マジカル・モーメントの意味と目的を伝え、セーフティーゾーンを作った上でお客様へのコミュニケーションの質を変えていったのです。その影響もあり、ユニバーサル・スタジオ・ジャパンの接客に対する評価は２００９年以降、向上していきました。現場の皆さんの熱量高いひたむきな努力とゲストを想う気持ち、行動力がV字回復の一躍を担ったことは言うまでもありません。

クルーとゲストとの間でポジティブな関係性を高め合うために積極的に働きかけること。クルー自身がナンバーワンアトラクションになる。それがまさに〝The Crew's PIA is the NO.1 Attraction〟です!!

私自身も人財育成責任者のひとりとしてとてもすばらしい瞬間を共に経験できたことを今でも誇りに思っています。

あなたの大切な人が1週間後に誕生日を迎えるとしたら

「マジカル・モーメント・プログラム」の大事なところは、お客様とクルーが1対1であることでした。

クルーには自分の力を生かしつつも、最初にしっかりとお客様の立場に立って考えてから、行動するよう伝えていました。

1対1であるという意識があれば、目の前にいるお客様の年齢や組み合わせによって対応は変わってきます。小さなお子さんに対する話し方と、年配のご夫婦への対応では、伝える内容が同じでも言葉遣い、声の大きさ、姿勢、表情に違いがあって当然です。

当時、私はクルーに1対1の「在り方」を伝えるため、こんな例え話で問いかけ、対話を繰り返していました。

「もし、**『この人なくしては生きていけない』**という大切な人が、1週間後に誕生日を迎えるとしたら、あなたは何をしますか？」

「喜んでもらいたいので、サプライズを仕掛けたいです」

「どういうふうに考えてサプライズを仕掛ける？　何の情報もなかったら、喜んでもらえるかどうかわからないよね。プレゼントを買うにしても、自分の好きなものを買うわけにもいかないでしょう」

「相手の好きなものを探っていきます」

「そうだね。それが大事。徹底的に、圧倒的に集中して、相手のことを調べ尽くして、会心の一撃を繰り出したいよね。『なんで、これが好きだとわかったの？』と言わせたいじゃない。本当に大切な人のためだったら、なんの疑いもなく積極的に自ら進んで喜んでそこまでやるよね」

「はい！」

「お客様のことを今と同じ、この人なくしては生きていけない人と同様に本当に好きになったら、今度はお客様がこちらのファンになってくれるから。逆に、こちらが好きにならなかったら、お客様も好きにはなってくれない。だから、『この人なくしては生きていけない』という人を思い浮かべながら、同等の圧倒的な想いとやり方で現場に立とう」

なぜ、自分がここにいるのか。機械にはできない、自分だからお客様にできることは何か。クルーが、そんなことを考えてくれるようになれば、自然と行動の質が上がり、多くの「ありえないワクワク・ドキドキな（マジカル・モーメント）体験」がお客様との間に生まれていくのです。

1対1の「私とお客様」の関係性を深めると何が起きるか

加えて、これはディズニーランド時代の経験ですが、こちらが1対1の気持ちで接していくと、お客様は本当にたくさんのプレゼントを返してくれます。

「こんにちは！」とあいさつしたとき、その「こんにちは」がポジティブであれば、きちんと「こんにちは」と返してくれます。そして、「今日は楽しんでくださいね！」と続ければ、「楽しみまーす!!」と続き、「今日どこから来たんですか？」「鹿児島」「鹿児島ですか！　遠くから本当にありがとうございます。素敵な1日をお過ごしください！」と。

これだけで4回も会話のバトンが続いたことになります。時間にすればわずかなものですが、帰り道で「今日、ジャングルクルーズで会ったあの船長、いい人だったよね」と思い出してくださいます。

すると、何が起きるか。数万人のゲストが行き交い、何百人ものキャストが働くパークの中で、「せっかく来たんだから、また、あそこのアトラクションのあの人に会いたい」と思ってリピートしてくださるようになるのです。

これが1対1の「私とお客様」の関係性を深めたときに起きる現象です。

接客時、「あなたの心に目の前のその人はいますか？」、「その人の心の中にあなたはいますか？」、「あなたがディズニーランドそのものに、ユニバーサル・スタジオ・ジャパンそのものに、なりましょう」、と。

アトラクションという言葉を辞書で引くと「人を惹きつけるもの」という意味があります。まさに、人を惹きつけるものとは、私たち一人ひとりなのかもしれません。つまり、最高のアトラクションは、改めて私たち一人ひとりだということなのです。

ゲストの時間を大事にできない人は、自分の時間も大事にできません。自分の人生をより良いものにしたいなら、まずはお客様とのかけがえのない大切な時間（人生）をしっかりと丁寧に扱うことから始めていきましょう。

☑ リーダーの原理原則

「大切な人が誕生日を迎えるとしたら、何をしてあげたい？」。この視点でお客様のことを考えてみよう。

□質問

お客様の要望はどこまでお聞きすればいいでしょうか？　また、スタッフにはどんな基準を示せばいいでしょうか？

「私とお客様」の関係性を真剣に考えていくと、ぶつかる問題があります。それは場面、場面において何を最優先にするべきかという壁です。

例えば、SNSの発達によって、飲食店で食事をしたお客様と店側の見解にズレが生じ、炎上する事件がたびたび起きています。

店側の「良かれ」と思った声かけが、お客様の思いと食い違い、「ひどい扱いを受けた」という書き込みにつながる。お客様側の「わがまま」と思える要求を店側が諫めて、「ひどい扱いを受けた」という感想になる。それを見た他のユーザーが、「お客様に対してなんてことをするお店なんだ！　こっちは客だぞ！　だから、店側が悪い」と書けば、また別のユーザーは「この客の横柄な考え方に問題があって、店側は適切なアドバイスをしただけ」と反論し、「やり方」をめぐるやりとりが延々と続いてしまうのです。

たしかに、**サービスの現場では「それはマナーとしてどうか？」対「自分のやり方でリラックスしたい」、「危険が伴うのではないか？」対「特別感（スリル）を楽しみたい」、「他のお客様に迷惑がかかる」対「自分も優先してもらいたい」といったぶつかり合いが常に生じます。**

そんなとき、どんなに理不尽なことでもお客様の要望に沿うことが、すばらしいサービスなのでしょうか。私はそうは思いません。むしろ、これはダメという明確な基準を設けることがサービスの水準を高めると考えています。

例えば、ディズニーランドでは「私たちはゲストにハピネスを提供しています」という「在り方」があって、「やり方」があると解説しました。

それでも働いているスタッフを悩ませる事態は起きます。目の前のゲストが笑顔になるなら、この程度のルール違反は仕方がないのではないか……と思うような出来事です。

私もそんな場面に遭遇し、失敗したことが何度もあります。

現場ではキャラクターとフロートがパーク内を進むパレードが行われます。

その際、安全にゲストがパレードを見ることができるよう案内する役割を担っているのが、ゲストコントロールキャストです。現場でのゲストの要望はさまざまあります。

「できれば、よりよく見える場所でパレードが見たい」

「お気に入りのキャラクターが近くを通るエリアに陣取りたい」

「家族全員でパレードを背景にして記念撮影ができる場所を確保したい」

逆に、「パレード中はアトラクションの列が短くなるので、移動が規制されているパレードルートをわたって別のエリアに行きたい」といったリクエストもあります。

混雑するパレードルートの周辺で大切にしたいゲストからの要望、うまくさばきたいというキャストの思惑が錯綜するわけです。そこで、現場のキャストとして何を優先するべきか。私もゲストコントロールを手伝っていて、迷い、「まあいいか」と判断し、リーダーから厳しく怒られた経験があります。

本当の意味でゲストへの愛情、持っているか？

あるとき、子どもにパレードを見せたいあまりに、柵に登らせてしまった親御さんがいました。私は気づきながらも、「すごく混んでいるし、高いところからならパレードも見えるし、近くに親御さんもいるからいいかな」「だって、本当に見たいんだろうから」と見て見ぬふりをしました。

それがゲスト、お客様を大切にすることだと考えたからです。

しかし、柵に登っていたお子さんはゲストコントロールキャストのリーダーの声かけで、すぐに降ろされました。その後、リーダーは見て見ぬふりをしていた私をこう諭しました。

少々長いですが、ここにはウォルト・ディズニーが大切にしてきた「ＳＣＳＥ」という行動指針のエッセンスが詰まっているので再現します。

「今井、なんで放っておくの。本当の意味でゲストへの愛情、持っている？」

「はい」

「でも、柵の上にいるってめちゃめちゃ危険状態だよね。もちろんパレードを見たい、見せたい気持ちはわかるよ。でも、習ったよね？　ディズニーでは、『見たい』『見せてあげたい』というショーマンシップより、もっと大事なことがある。なんだっけ？」

「セーフティです」

「そうだよね、安全だよ。ディズニーランドで怪我や事故が起こったら、どう思う？子どもがディズニーに来たおかげで足を折っちゃった。その日、その１日はその子と家族にとってどんな思い出になる？」

「最悪です」

「そうだよね。じゃあ、どうするべきだった？　今井は見て見ぬふりをしたね？　あの子は今井にとって他人なの？　違うよね？　コーテシィーだよね。『すべてのゲストはVIP』でしょ」

「はい」

「VIPってどういう人？　この人なくしては生きていけない人だよね。この人なくしては生きていけないという人が、今井の家に遊びにきたらどうする？」

「もちろん、全力でおもてなしをします」

「どうしたらショーを楽しんでもらえるか、考えるよね。その人に喜んでもらいたいって一生懸命いろいろなことを考えて、喜ばせるよね。悲しい思いはさせたくないよね。まったくもって同じでしょ。『ゲストが見たいのなら……』と思って見て見ぬふりをした今井の判断は裏切りです。自分の子どもや親友、かけがえない人が間違った行動を取っているときは、本気で諫めるのが愛情でしょう」

「在り方」と「やり方」をつなぐ基準を設ければ迷わない

お客様と向き合うとき、何を優先するべきか。ディズニーランドのキャストは、「SC

SE」という行動基準に沿って対応します。「SCSE」は「すべてのゲストにハピネスを提供する」という「在り方」と、現場での「やり方」の間をつなぐ働きをしているのです。

・Safety（安全）…安全な場所、やすらぎを感じる、幸せをつくり出す空間をつくり出すために、ゲストにとっても、キャストにとっても安全を絶対に最優先すること。

・Courtesy（礼儀正しさ）…「すべてのゲストがVIP」の理念に基づき、言葉づかいや対応を丁寧に、相手の立場に立ち、親しみやすく、その相手にあった自然な心を込めたおもてなしをすること。

・Show（ショー）…あらゆるものはテーマショーという観点で考え、キャストも構成されているテーマパークのショーの一部として、身だしなみや立ち居振る舞いを整え、「毎日が初演」の気持ちを忘れずに、ショーを演じ、ゲストをお迎えすること。

・Efficiency（効率）…安全や礼儀正しさ、ショーを無視して効率を優先しても、ゲストにハピネスを提供することはできない。セーフティ、コーテシィー、

ショーを満たしたうえで、チームワークを発揮し、効率を高め、多くのゲストに楽しんでもらう。

世界には10万人以上のディズニーテーマパークで働くキャストがいますが、全員がこの言葉とその意味を集合知として知っています。そして、「SCSE」の4つのキーワードは、その並び順が優先順位となっていて、キャストは目の前のゲストへの対応に悩んだとき、順番に照らしあわせ、最適な対処法を決めていくのです。

これは何もディズニーランドだけで通用する方法ではありません。あなたの働いている現場にもうまく当てはまる行動指針をつくることができるはずです。スタッフが「こんな時はどうしたらいいだろうか」と迷ったとき、現場のリーダーは優先順位を定める行動指針を示してあげましょう。

「在り方」＞「やり方の基準」（行動指針）＞やり方

「在り方」と「やり方」をつなぐ「やり方の基準」ができれば、スタッフは自信を持ってお客様との関係性を深めていくことができます。

☑ リーダーの原理原則

「在り方」を実現するには、お客様への本当の愛に満ちた「やり方の基準」を共有しておこう。

□質問
ディズニーランドが最高の顧客サービスを維持できるのはなぜですか？　目指していても、意識していてもなかなか真似できません。

ディズニーランドが最高に混み合っていて入場制限がかかる状況のとき、各アトラクションでは待ち時間が90分から180分になる混雑となります。そんなときでもパーク内で、15分以上ゴミが放置されていることがほとんどありません。

ホウキとチリトリを持ち、ときには地面にミッキーマウスを描いてもくれるお掃除担当のカストーディアルキャスト。彼らがすべてのゴミを拾っているのでしょうか。しかし、たくさんのゲストの数に対してカストーディアルは明らかに少数です。それでもパークは常に清潔でゴミも見当たりません。

なぜ、そんなことが可能なのでしょうか？

ここにディズニーマジックがあります。パレードのエピソードに続く私の失敗談をもうひとつ紹介します。

ある日、私はジャンルクルーズのアトラクションからあるミーティングに出るため、パーク内を歩いていました。

先に言い訳をすると両手には会議で使う資料がどっさり。右手も左手も埋まっていました。そんな状態で、目の前にゴミが落ちているのに気づいたのです。でも、ミーティングの時間は迫っています。

私は荷物をゲストの邪魔にならない安全な場所に置いて、ゴミを拾って、ゴミ箱に捨てる時間、手間を思い、「俺が拾わなくてもカストーディアルの皆さんが片付けてくれる」と苦渋の思いで見て見ぬふりをして通り過ぎました。

でも、神様は見ているものです。たまたま近くにいた上司が、「今井！　なんで通り過ぎたの？」と声をかけてきたのです。

私は「すいません！　例のミーティングに出なくちゃいけなくて、急いでいるんです。それに、ほら！　向こうにカストーディアルキャストがいるじゃないですか。彼が片付けてくれると思うので」と、苦しい弁解をしました。

すると、上司は「ミーティングに遅れて責められたら、なんとかするからひとつ質問に答えてくれよ」と私を留め、親が子を想い、諭すように話してくれました。

「もし、自分の部屋に同じような状況でゴミが落ちていたらどうする？」と聞いてきたのです。

ゴミのないパーク。ディズニーマジックの種明かし

私は「自分の部屋ですか。そうですね……拾います」と何気なく答えました。すると、上司は「わかった。じゃあ、ここが地元の駅ならどうする？」と続けます。私は少し考え、バツが悪そうに「……拾いません」と言いました。

「そうなんだ、今井は愛するべき自分の現場、ゲストが笑顔で行き交う場所を駅と同じように扱っているんだ。今井と共に働いている仲間はかわいそうだね。『すべてのゲストにハピネスを提供する』と言いながら、今井は別のことを考えて、仕事をしているんだから」と。

そう言われた瞬間に「ああ……」と思いました。それでもまだ私は苦し紛れに言い訳をしてしまいます。

「でも、カストーディアルキャストがいるじゃないですか」と。

上司は冷静な叱る口調から、やさしく諭すような語り口になり、こう言いました。

「今井、カストーディアルの○○くんは今日、何人のごみを拾っていると思う？　一人で数百人分を担当する計算だよね。そんな忙しい日に、今井が自分で気づいたゴミを拾わなかったら、○○くんの仕事は増える。そもそも本当に一人で数百人分のゴミを拾えると思う？　無理だよ。だから、私たちは気づいたらゴミを拾う。

なぜなら、私たちの目標は、『すべてのゲストにハピネスを提供する』でしょ？　ゲストに今日1日、魔法のような時間を過ごしてもらいたい。でも、ゴミは現実の象徴みたいなものだよね。地面に落ちているゴミを見た瞬間、ゲストは現実に戻ってしまう。つまづいて転んでしまうかもしれない。避けようとしたゲスト同士がぶつかるかもしれない。魔法が解ける。

SCSEは知っているよね。私たちは役職にかかわらず、ゴミに気づいたらカストーディアルにならなければいけない。そうじゃなければ、パークは維持できないんだよ」と。

すべてのキャストが気づいたゴミを拾っている……。これが、ディズニーランドにゴミが落ちていないというディズニーマジックの種明かしです。

当事者意識を持つだけではダメな理由

この失敗談で私がお伝えしたいのは、**現場のリーダーが当事者になること。スタッフに当事者意識をもたせ、当事者に育てていくことの重要性**です。

「気づいたゴミは拾おう」という意識がキャストとしての当事者意識であり、それを常に実行するのが、当事者です。見て見ぬふりをした私にも、当事者意識がありました。

でも、実際には拾わずに通りすぎようとしたわけです。

結果にフォーカスすれば、「気づいたゴミは拾おう」という当事者意識なく、「あれはカストーディアルが片付ける」とスルーする人と何ら変わりません。意識を持って行動に移して初めて、人は当事者となるのです。

「当たり前のことを当たり前にやりきること」
「大切にしなければならないことは大切にすること」

これは当事者としてとても大切な原理原則です。

これはお客様に対するサービスすべてに言えることです。

「お客様第一主義」の意識（在り方）を持っていても、やり方が伴わなければお客様の満足度は上がりません。在り方とやり方は両輪です。在り方のないやり方は廃れていき、やり方のない在り方は何もないのと変わりません。

人任せ＜当事者意識＜当事者

当事者意識を持ち、当事者となること。それがお客様の幸せにつながっているのです。また、私の上司が呟いた「今井と共に働いている仲間はかわいそうだね」という言葉も忘れられません。なぜなら、現場のリーダーが「当事者意識を持て」と、いくら「在り方」の大切さを説いても、行動が伴っていなければスタッフには伝わらないからです。むしろ、「口で言っていればいいんだな」と誤解されてしまいます。

スタッフの顧客サービスを高めるためには、あなた自身が先に動き、最高の手本となることです。これこそが在り方の実践であり、真実味が増すのです。誰よりもリーダーが一番の当事者になる必要があるのです。

ちなみに、パークの清掃の基準は、ウォルト・ディズニーがアナハイムに初めてのディズニーランドを作ったときから変わっていません。

「毎日が初演」

「赤ちゃんが地面をハイハイしても安全なほど、きれいにする」

東京ディズニーランドのオープンは1983年4月15日。キャストは、その初演の日と同じ状態を目標にし、毎朝スタートし、そして今日もその質を保つために一人ひとりが当事者としてゴミを拾い続けるのです。

リーダーの原理原則

当たり前のことを当たり前にやりきろう。大切にしなければいけないことを大切にしよう。

やってみよう3

5章では「私とお客様」という視点で現場のリーダーであるあなたとお客様、スタッフとお客様の関係にフォーカスしてきました。

この「やってみよう3」では、笑顔の出し方、話しかけ方など、「在り方」に基づく圧倒的な「やり方」のトレーニング方法を紹介していきます。

まずは、お客様とのコミュニケーションを支える自然な笑顔の出し方からです。

ベイビースマイルゲーム

「笑顔は人間の最も大切な資産。しかめっ面は精神的汚染」と言われるように、笑顔は、お客様と私たちをつなぐ大切な架け橋です。

しかめっ面の人はそこにいるだけで、周囲の空気をどんよりしたものに変えてしまいます。楽しく話していたふたりの側にしかめっ面の人が座るだけで、なんとなく会話のトーンも下がっていきます。

逆に、笑顔の人がやってきて、ふたりの話を「うんうん」と聞いてくれたら、会話はますます盛り上がっていくはずです。すでに紹介したいように、**人はルールではなく、場に影響されます。**

しかめっ面のスタッフがいる店と、笑顔のスタッフがいる店であれば、お客様の居心地がいいのは間違いなく後者です。個人的におもしろくないことがあった日も、私たちは自分たちの舞台である現場に出るときには、笑顔でいること。それがプロフェッショナルの志事です。

私が笑顔の準備にために行っているが、「ベイビースマイルゲーム」。その「在り方」は、「笑顔は出すものじゃなく、出ちゃうもの」です。

笑顔を出した時点で、それは本物の笑顔とは言えないのです。

では、早速内容を見ていきましょう！

このゲームは2人1組で行います。

一方が赤ちゃん役、もう一方がベビーシッター役に分かれ、向かい合わせたイスに座ります。

赤ちゃん役の人にはふたつのルールがあります。ひとつ目は、言葉を話せないということ。赤ちゃんは話せない代わりに、表情の喜怒哀楽で目の前にいる大人に今の気持ちを表現していきます。赤ちゃん役の人は、言葉ではなく表情で気持ちを表現してください。

ふたつ目は、向かい側に座ったベビーシッター役の顔を見て、じっくり観察すること。赤ちゃんは観察のプロとも言われています。自由に動けず、話せない分、相手のことを観察して安心か、安全かを判断し、嫌なこと、危ないことがあれば泣き出します。

一方、ベビーシッター役の人が取り組むことはひとつだけです。

目の前の赤ちゃんをキャッキャと笑わせ、幸せな気持ちにさせてください。「いないいないばぁー」をしても、語りかけても、ジェスチャーをつけても、やり方は自由です。

大切なことは、目の前にいる相手が「赤ちゃん」であると本気で思って接すること。

よくある失敗パターンは、お互いに恥ずかしくなってしまい、ちゃかすような態度を取ったり、お互いにやる気なくとりあえずこなしてしまうことです。

それでは、ただ単に赤ちゃんごっこをしているだけになってしまいます。

本当に目の前に赤ちゃんがいたら、どうやってあやすのか。真剣に考えてリアルに実践しましょう。

では、向き合って始めましょう。

●自然と湧き出た笑顔はお互いを幸せにする

私はこのゲームを研修などで幾度となく行っていますが、笑顔が出ないことはありません。1分と待たず、赤ちゃん役、ベビーシッター役のどちらの人も笑顔が弾けます。それはなぜでしょうか。

赤ちゃん役だった人は思い出してください。

あなたが、思わず笑顔になったとき、ベビーシッター役の人はあなたが笑ったのと同時にどんな表情を浮かべていたでしょうか。

そう、とても幸せそうな満面の笑顔ですよね。

きっと、あなたを幸せにしようと創意工夫するうち、最高の笑顔を浮かべていたはずです。


一方、ベビーシッター役だった人にも質問です。

赤ちゃん役の人が笑顔になったとき、あなたの意識はどこに向いていましたか？

・赤ちゃんを笑顔にしなくちゃ、喜ばせなくちゃ……と自分に意識が向いていた。
・笑顔に変わっていく赤ちゃんの表情に意識が向いていた。

間違いなく後者だったはずです。

照れくさいシチュエーションにふたりで本気で挑むことのおかしさ。赤ちゃん役の人には、自分のために一生懸命になっているベビーシッター役の人のがんばりが伝わり、ベビーシッター役の人は赤ちゃん役の人の笑顔に大きな幸せを感じます。

いつの間にか、最初の照れくささや恥ずかしさは遠のいていき、もっともっと相手を幸せにしたい。笑顔にしたいという思いが広がり、一体感を感じるくらい相手に集中して向き合うようになっていくはずです。

これが「笑顔は出すものじゃなく、出ちゃうもの」ということ。自然な笑顔を体感するためのトレーニングです。

チャイルドアイ

ディズニーランドではゲストの子どもたちと話すとき、キャストは必ず腰を落として、目線の高さを合わせます。同じように、有名一流飲食店やホテルでも、席に座っているお客様に対して膝をつき、目線の高さを合わせるサービスが当たり前のように行われています。

ポイントは、これがただの「やり方」になっていないかということです。どういう「在り方」から、目線を合わせるという「やり方」になっていくのでしょうか。

「チャイルドアイ」は、お客様と目線を合わせ、つながっていくことの大切さを体感してもらうトレーニングです。

このトレーニングも2人1組になり、ひとりが椅子の上に立ち、もうひとりは椅子に座ったまま相手を見上げます。椅子の上に立った人は、上から見下ろす形で椅子に座って自分を見上げる人を見下ろしましょう。

椅子に座っている人が椅子に立っている人の表情を見上げる目線が、子どもの目線です。上からの目線はそれは威圧的で、恐ろしく感じます。この状態で笑顔を浮かべ、「こんにちは!」とあいさつしても、怖さは軽減されません。子どもは萎縮します。

そんなシーンを現場でも至るところで目に留まります。

私の研修では必ず「チャイルドアイ」を体験してもらっています。すると、大人にとっては当たり前の目線が、子どもにとって強い圧力となっていることを**体感できる**のです。

この体感こそが、腑に落ちるとても大切な機会であり、腑に落ちるからこそ、記憶に残り自分自身から積極的にやろうという自発性さえも植えつけるのです。

改めて、上から目線には、それだけの子どもを傷つけ萎縮させる、安心安全ではないというデメリットがあるということです。

私たちも子どもでしたが、大人になるにつれて、上から目線の圧力を忘れてしまいます。いくらいい笑顔を浮かべても、受け取る側が威圧感を感じていたら、心はつながりません。お客様と話をするときは、ひと手間加えて、膝をつき、目線を合わせましょう。それだけで一体感が生まれ、お客様に安心感を持ってもらうことができます。

Talker's 9Box（トーカーズナインボックス）ミーティング

「トーカーズナインボックス」は初対面の人と話すときの話題選びをつくっていくミーティングです。

現場のスタッフが集まり、どんな話題ならお客様と会話がしやすいか、お客様から貴重なお話（情報）を得られるのかを話し合い、上がってきた9つのテーマをイラスト化します。

よくあるマニュアルでは、「お天気の話をしましょう。まず、お客様に会ったら『今日は天気が良いですね』と目を見ながら笑顔で伝えてください」と文章であります。そのマニュアルに従い、スタッフがお客様に「こんにちは、今日はいいお天気ですね」と話しかけたとしましょう。お客様はまた別の場所に移動し、別のスタッフから「こんにちは、今日はいいお天気ですね」とまったく同じように話しかけられます。

それぞれのスタッフは間違ったことをしたわけではありません。

ツーウェイ・コミュニケーション・ワードで会話を始めるのは、正しいアプローチだと言えます。しかし、あなたがお客様の立場だったらどうでしょうか？

また、別のエリアで別のスタッフから「こんにちは、今日はいいお天気ですね」と話しかけるのです。2度、3度と続くと、めちゃくちゃ面倒くさいと思います。

そして、こう思いませんか？

「あっ、これってマニュアルだな！」と。

お客様をそういう気分にさせてしまうなら、話しかける意味がありません。そこで、トーカーズナインボックスという仕組みを考えました。

初対面のお客様に急にお声かけをし、話をするとき、アドリブで会話を重ねることのできるスタッフは多くありません。そこで、マニュアル的にならないよう、しっかりと準備しておけば、より成果の高いコミュニケーションができるとテーマ設定することにしたのです。

スタッフ数名でチームをつくってもらい、初対面のときに使える話題（お客様の心を開くテーマ、お客様が欲しい情報テーマ、お客様から私たちが欲しい情報テーマなど）を思いつく限り、出してもらいます。もちろん、「天気」というテーマが入っていても構いません。その代わり、テーマを言葉で分類するのではなく、イラスト化していくのです。

「天気」なら「太陽のマーク」、「食事」なら「ナイフとフォークのマーク」といったイメージです。

すると、同じ天気の話題でも「今日は天気がいいですね」と言うスタッフもいれば、「気持ちのいい青空ですね」「さわやかな陽気ですね」と伝える言葉が変わり、さらにそのテーマの中で自分自身が一番強い話題に触れられるので「こんな晴れた天気の日には、○○のどこどこがオススメですよ」と自分自身が強い話題で自信を持ってお客様に伝えることができるようになります。

言葉によるマニュアルは、「そのまま守らなくては」とスタッフの考える力、想像力を奪いますが、**イラストは考えさせ、想像力を広げてくれます。**

つまり、スタッフ全員で「トーカーズナインボックス」を行い、みんなでつくった9つのボックスは「やり方の基準」となって現場での「やり方」を助けてくれるのです。

Talker's 9 Box

ワークシート 一例

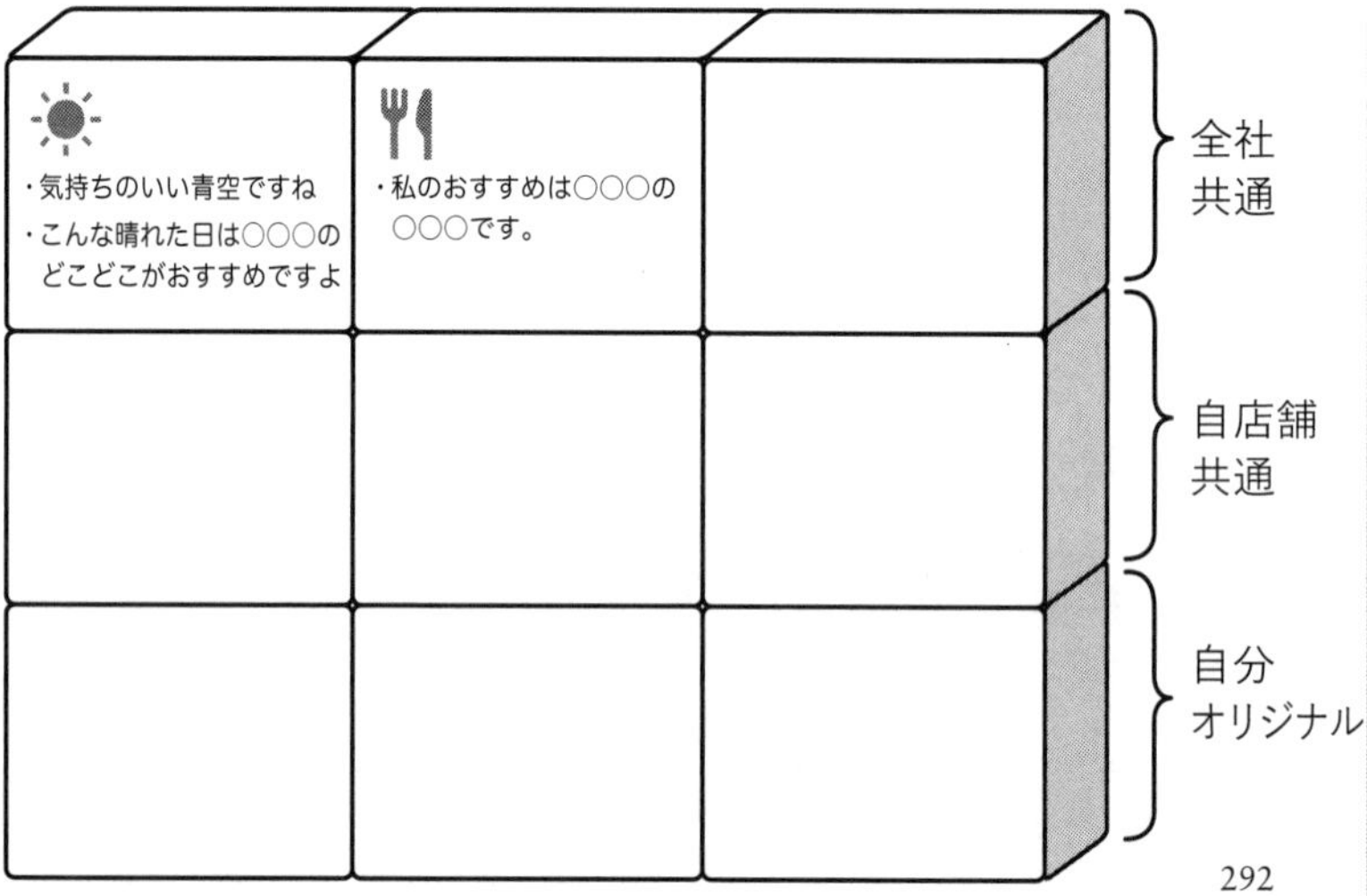

「見つめ愛　そして、、、」の体感トレーニング

最近、あなたは誰かと1分間、見つめ合ったことがありますか？

次の「やってみよう」は、2人1組で向き合って座り、1分間見つめ合うという体験トレーニングです。

難しいルールは何もありません。ただただ、お互いに相手の目を見て、見つめ合ってください。そして、大切なことはここでは一切のコミュニケーションはできません。無言で行ってください。では、始めましょう。

このトレーニングをやってみるとよくわかりますが、ただただ見つめ合っていると1分をすごく長く感じます。コミュニケーションがない場合だと、本当にお互いの目だけを見ることがこんなにも大変なのかということが実感できます。

次にもう一度、見つめ合ってください。時間は同じく1分間。ただし、今度は見つめ合いながら何を話してもかまいません。お互いの自己紹介でも、世間話でも、自由に笑顔を添えて話して大丈夫です。

1回目と2回目の1分間に違いがあるのを体感できたと思います。

話しながら見つめ合う2回目の1分は短く感じたはずです。これがコミュニケーションの効能です。

コミュニケーションの力は時間さえも短く感じさせることができます。

また、「目は口ほどにモノを言う」と言いますが、実際に見つめ合ってみると、言葉を交わさずとも、相手の心理が伝わってきたのではないでしょうか。自分が相手で、相手が自分に感じることとさえ感覚的にあります（シンパサイズ）。コミュニケーションなしでは、照れや不安、長いな……と感じていること。目を合わせていると、

自然と相手の立場を慮るようになるのです。

目を合わせながらコミュニケーションを実践している状態で、会話を交わしていくと、お互いの距離がぐっと近づきます。トレーニングを通して、ぜひ体感してみてください。


ディズニーランドでも、ユニバーサル・スタジオ・ジャパンでも、こちらからお客様に話しかけるようにしているのは、夢のような時間をあっという間だと感じてほしいからです。また、アトラクションを待って並んでいる時間は、黙って見つめ合っている状況に似ています。手持ち無沙汰で長い。最近はスマートフォンで暇つぶしをされているゲストも多いですが、並んでいる列の側にはキャストやクルー、時にはキャラクター、吹奏楽団が出てきて話しかけたり、サプライズ的な演出でキャラクターと触れ合ったり、写真撮影したり、演奏したりしていきます。

それも待ち時間を少しでも短く感じて欲しいし、パーク内でさらにすばらしい時間を過ごして欲しいから。もし、あなたが行列のできるような現場で働いているなら、並んでいるお客様に話しかけてみましょう。

きっと魔法のようなすばらしい時間をつくり出すことができるのではないでしょうか。

パーソナルスペース

●閉鎖と開放の空間

お客様に声かけをするとき、観察するポイントがあります。

それはお客様の重心です。私たちは、立っているときも座っているときも、必ず左右どちらかに体重をかけています。よほど緊張しながら直立しているとき以外、50対50でバランスを取っていることは、ほぼありません。

そこで、右側に体重をかけているお客様には、左側から。左側に体重をかけているお客様には、右側から声をかけます。

なぜなら、人は重心をかけていない側を無意識のうちに安全なパーソナルスペースとしているからです。

ですから、私たちはお客様が重心を傾けている方向とは逆から話しかけます。

同じ「こんにちは。今日はどちらからいらっしゃったのですか?」でも、閉鎖（重心をかけている）の空間側、開放（重心をかけていない）の空間側のどちらから話しかけるかで反応は大きく異なります。閉鎖の空間側からいくと少し構えた感じで警戒されながら「え?」と驚かれ、開いている側からならば、ソフトに受け入れ「こんにちは」という笑顔が返ってくるはずです。

●腕組みのノンバーバルコミュニケーション

同じ理由から、腕組みをしているお客様にはなるべく声かけをしないよう心がけています。腕組みは考え事をしていることのサインです。

考え事ということは、自分と自分がコミュニケーションしているということです。そこに横入りして話を奪うのは、コミュニケーションとしてはスマートとはいいにくいと言えます。

よく店舗などで、腕組みしているお客様に話しかけるスタッフを見かけますが、声をかけられたお客様は「びっくりした!」というような表情をされます。相手の立場に立って行動するのであれば、お客様が気持ちよく話ができる、話を受け取れる状況の中でコミュニケーションをしていくことが求められます。

そこで、今から腕組みをしている人の内側で起こっているコミュニケーションの状況を説明しましょう。人は考え事をしているとき、周辺視野が狭くなります。周辺視野とは何かというと、私たちが何かを見ているときの視点の外側でボヤっとみえている周りの視野のことです。

いつも私たちは、何かを見るときにその周りの視野も一緒に見ています。この周辺視野が唯一狭く、真っ暗にシャットダウンする瞬間があります。それが、腕組みをして内側の自分自身と内部対話をする瞬間です。

そこに急に声をかけられると、見えていないところから急に外敵が表れたような感覚になり、びっくりします。びっくりすると外敵から身を守ろうとする防御本能が働きます。これはコミュニケーションの始まりとしてスマートではありません。

ですから、私の経験上、緊急な場合を除き仕方がないとき以外はなるべく腕組みしている人に話しかけないようにしています。そして、腕組みがぱっと解けたときに「何かお困りですか？」と声かけします。この腕組みさえも、よく見ているとそんなに長時間腕組みしているということもまた、ありえないのです。

こうしたパーソナルスペースの存在を知っているかどうか。わずかな違いですが、声かけの効果に大きな差が生じます。

6章

自分が変わる！
リーダーの原理原則

□質問

現場のリーダーを任されて1年半経ちました。うまくいっているようでどこか手応えのなさも感じています。

人は慣れてしまう生き物です。３年、５年と現場での経験を重ねてくると、自分の仕事のやり方に自信が持てるようになり、日常業務は何も考えずに自動反応的に一定のレベルでこなせるようになっていきます。まさに、こなしている状態です。

上司は「安心して現場を任せられる」と言い、スタッフからはベテラン扱いされ、頼られます。あなたの指示は尊重され、調子よく現場が動いていくのです。そんなふうに周囲から認められる心地よさは、私も経験してきました。

何も問題がない日々……。ユニバーサル・スタジオ・ジャパン時代、私は各部の人財育成、人財開発の現場のリーダーとして満足感を持って仕事をしていた時期があります。

しかし、今になって振り返ってみると、あの日々はひとつの分岐点でした。満足して小さくまとまるか。もう一歩、二歩の成長のための準備期間となるか。幸運なことに、私の側には（言葉は悪いですが）ケツを叩いてくれる信頼する上司がいました。

ある日、私はその上司から呼び出され、こんなことを聞かれました。

「今、今井にひとつ足りないものがあるとしたら、なんだかわかる？」

正直、私には上司の問いかけがピンときませんでした。現場はうまく回り、人財育成担当としては玄人の域にいるという自負があり、いい仕事ができている自信があったからです。

すると、上司は続けて**「今井は、ちゃんと応援されていると思う？」**と聞いてきます。

「応援」

意識したことのない切り口でしたが、言われてみると、若手の頃は先輩、同僚、後輩と一丸となって志事をしてきた印象があります。ところがその時点では、特定のクルーこそ、「今井さん、今井さん」と言ってくれましたが、全員というわけではありませんでした。聞かれてみると、「なんでかな？」という疑問が浮かびました。

「気づいていないと思うけど、慣れちゃって流しているんだよ。それは伝わってくる。ちゃんと人財育成のセオリー、復習、確認、そして向上心をもって行動しているか？　現場のリーダーとして自己研鑽している？」

上司の言葉を聞きながら、自分と向き合ってみるとたしかに流しているところがありました。「だいたいこれくらいでゲストは満足してくれる」「現場のクルーは自分が指示したことをしっかりと行ってくれておけば大丈夫」など、自分で決めたやり方で足りていると思い込んでいたのです。

その気づきが表情に出ていたのでしょう。

「今井、メンバーのトレーニングにいくとき、万全の準備ができている？　本当の意味で今井のトレーニングを受けたクルーが、目を輝かせ、自らの可能性を感じ、早く現場で実践したいという熱意を持ってトレーニングルームを出ていくというイメージができているか？」と。

あなたは、この上司が大げさすぎると思うかもしれません。

ですが、なぜディズニーランドやユニバーサル・スタジオ・ジャパンが人を惹きつけるのかを掘り下げていくと、答えのひとつがここにあります。ハード面の力だけじゃなく、そこで働いている人が本気で思いきりやっているからこそ、惹きつけられる。プラスαは、人財によってつくられているのです。

ウォルト・ディズニーが残した言葉

あなたも本などで読まれたことがあるかもしれませんが、ウォルト・ディズニーが残した有名な言葉があります。

"It takes people"
――人は、誰でも世界中で最も素晴らしい場所を夢に見、創造し、デザインし、建設することはできる。しかし、それを現実のものとするのは、人である。

この言葉がすべてを物語っていると私はいつも感じています。そして、今でも私自身が現場で志事をさせていただく際にとても大切にしている言葉のひとつです。

あなたはどう感じますか？

1日の終わりに「今日はどうだった？」と自分に問いかける

ユニバーサル・スタジオ・ジャパン時代の私の上司は、高校野球を例にして「圧倒的に練習し、自己研鑽している人は誰からも応援される」という話を聞かせてくれました。

「高校球児はプロ野球の選手と比べて、野球のレベルでは低いよね。でも、甲子園で戦う高校球児、甲子園を目指して各地方で予選を戦う高校球児を見たら、誰もが応援したくなる。なんでか、わかる？

高校球児は思いきり汗をかいて、練習着を泥だらけにして、倒れる寸前まで朝から晩まで練習している。それがわかるから、草野球よりも高校野球に感動するんだよ。圧倒的に誰よりも練習し、本気で野球に向き合い、自己研鑽しているから惹きつけられ、多くの人から応援、支援されるんだ」

自分の仕事に慣れてしまった人は、無意識のうちに練習の回数を減らし、「これでいいかな」と上限を決めてしまいがちです。その変化は日々を過ごすうちに少しずつ起きるものので、なかなか自分自身で気づくことができません。

だからこそ、現場のリーダーは**1日の終わりに「今日1日どうだった？」と自分と向き**

やりきっていれば
応援されるようになる

合う内観の時間をつくっていきましょう。

　幸い私の側には、厳しいことを意識的に熱く語ってくれる上司がいました。もし、あなたの周りにそういった存在がいなければ、自分との対話の中で兜の緒を締め直すしかありません。


「今日の自分の仕事ぶりはどうだったのか？」

「部下とのやりとりで気になることはなかったか？」

「本気でやりきったか？　人生の中で一番本気でできた日を１００％だとしたら、今日は何％できたのか？」

「その％の根拠はなんなのか？」

「今日の％よりも明日さらに１％でも上を目指すとしたらどんな準備、努力ができるだろうか？」


　自分への評価が甘くなる人も、辛くなる人もいることでしょう。それでも内観の時間を持つことが、あなたを慣れから解放し、次の一歩、二歩の成長に続く圧倒的な準備、練習を始めるキッカケとなります。

☑リーダーの原理原則

「自分は誰かに応援されているだろうか」。

やりきっていれば、応援される存在になる。

□質問

現場のリーダーになりたてです。周りの先輩たちの仕事ぶりがすご過ぎて「どうせ、自分は」と不安が膨らむ毎日です。

3章の「私と部下」のなかで、「『どうせ、○○だから』『やっても、どうせダメだから』、そんな『どうせ』が口ぐせの部下にスイッチを入れるには？」というパートがありました。そこで、「『どうせ』という言葉の持つ負の力は強く、繰り返し口にしていると、自分を粗末にし、持っている可能性を信じられなくなっていきます。諦めさせてしまいます」と書きました。

これはあなた自身にも当てはまります。

心の中で言葉にしている「どうせ」は、現場のリーダーとなって慣れない環境に不安を感じているあなたをますます縮こまらせていきます。

「どうせ」という言葉の負のパワーは、自分自身をチャレンジさせ、奮い立たせる力に比べ、20倍も強いと言われています。つまり、「どうせ」の怖さをしっかり意識し、自覚していないとあなたは知らず知らずのうち、ネガティブな方向へ引っ張られてしまうのです。

ディズニーランド時代の一時期、私も「どうせ、◯◯さんには、かないませんよ」「どうせ、◯◯さんみたいにうまくやれませんから」と愚痴っぽくなっていた時期があります。「どうせ」と言うことで、諦めたふりをして自分を安全圏に置いていたのです。

しかし、先ほど紹介した「応援されているか？」と聞いてくれたリーダーのエピソードのように、私の周りにはすばらしい上司がたくさんいました。そのうちのひとりが、こんな原理原則を教えてくれたのです。

「多くの人をごまかすことができても、最後のひとりをごまかすことはできないんだよ。最後のひとりって誰だかわかる？　自分のことだよ。今井、『どうせ、どうせ』と言っていて、誰が一番傷つくかわかる？　自分だよ。『どうせ、どうせ』って言い続けて何かが変わる？　何も変わらない」

「はい」

「私たちはいつか死ぬよね。そのとき、必ず閻魔大王に出会う。閻魔大王から一生の裁きを受けるわけだ。今まで自分がしてきた裁きを受ける。でも、私はこう思っている。たぶん、閻魔大王は自分自身のこと。『しっかり生きたか？』『何を成果として行動して生み出してきたんだ？』『自分がやってきたことで多くの人を幸せにするためにどのようなことが変わったんだ？』と、自分から聞かれるんだよ。もし、今井が今の自分に自信が持てないで『どうせ』と言っているなら、1日1回、閻魔大王に会ってくるといいよ」

「閻魔大王に会う？」

「仕事終わりに鏡を見て、『今日の業務はどうだった？』と声に出して聞いてみるといい。鏡に映った自分が、自分自身に誠実だったか、自分自身を裏切り続けたか。行動したか、できない理由ばかりを並び立ててやらない自分をつくり出していたか。誠実にやったと答えられたら、すがすがしい気持ちで帰れるだろう。裏切っていたなら、モヤモヤした気持ちで帰ることになるだろう。どっちでもいいから、自分でオチをつけて帰れば、『どうせ』とは言わなくなるよ」

なぜなら、自分への問いかけに対して正直でいれば、「在り方」が深まり、「やり方」は修正されていき、必ず行動につながるからです。

あなたの声を一番近くで聞いているのは、あなたです。

だから、今の不安を、今の希望を、今の悩みを、今のうれしさを、自分に向かって発信していきましょう。多くの人は声を出さず、頭の中で考えているだけです。

本当に振り返るというのは、声に発して、自分の耳で聞いて、受け止め、考えること。頭の中で「わかっている、わかっている」と繰り返している人は、「**今できないけど、本番になったらやりますから**」と言います。でも、本番になったらできることは今、できるはずです。

「どうせ」と守り、決断を先送りしてしまう人こそ、鏡に向かって自分の考えを声に出していきましょう。すると、決心することができます。決断は決心してこそ、生まれるもの。決心するには、自分が何を求めているのか（＝決意）気づく必要があります。

つまり、決意があって、決心があり、決断につながるのです。

これを「**決意＝決心＝決断の法則**」と呼びます。

そうでなければ、何を材料にして決めればいいかわからないからです。多くの人が伸び悩み、立ち止まってしまうのは、まさにこの状態にあるからではないでしょうか。

判断材料を掘り起こすことができず、フリーズし、八方塞がりになってしまう。その状

決意＝決心＝決断の法則

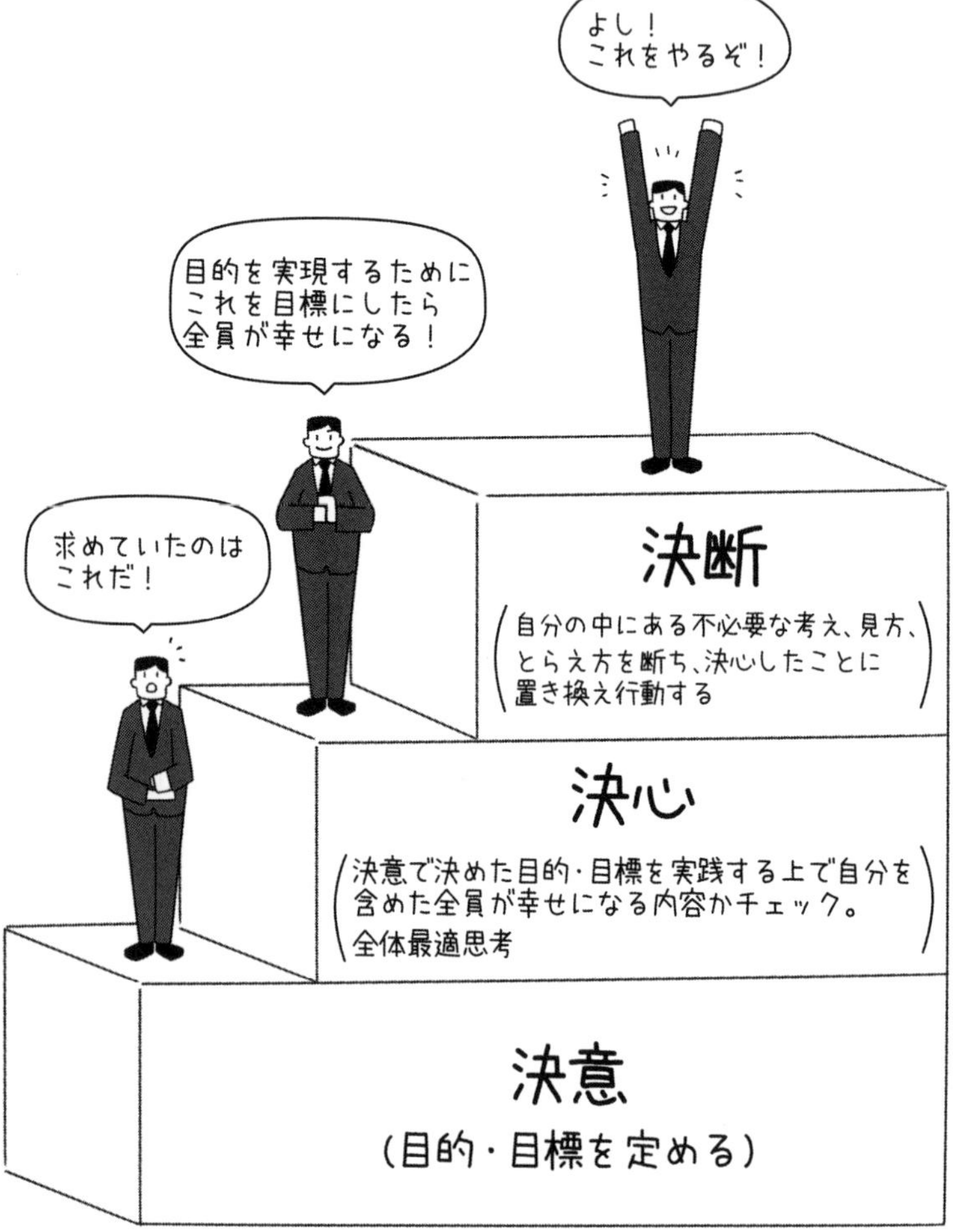
よし！
これをやるぞ！
目的を実現するために
これを目標にしたら
全員が幸せになる！
求めていたのは
これだ！
決断
（自分の中にある不必要な考え、見方、
とらえ方を断ち、決心したことに
置き換え行動する）
決心
（決意で決めた目的・目標を実践する上で自分を
含めた全員が幸せになる内容かチェック。
全体最適思考）
決意
（目的・目標を定める）

況を変えるため、自分に向かって問いかけていきましょう。自信をつかむためには、誰かが何かを言ってくれる、何かをしてくれることを期待するのではなく、自分が自分自身にどれだけ誠実に向き合い、行動し続けられるかどうかにかかっています。

自分が本当は何をしたいのか。
自分自身の使命とは何なのか。
我は何者なのか？
志事を通して何を自己実現したいのか？

問いかけることによって、自分自身の軸となる答えが引き出されます。だからこそ、自分との対話、内観の時間が大切なのです。

内観とは、自分に対して語りかける言葉で様々なことを自問自答し、内なる声に耳を傾け聴いている（振り返っている）状態です。

今一度、自分の在り方をチェックしてみよう

内観と行動は両輪です。双方をバランスよく続けていくことで、憧れるリーダーにも負けない応援される人財となることができます。

ディズニーランドで私を教え、励ましてくれたリーダーはこうも語ってくれました。

「今井はまだプロになりきれていない。プロとアマチュアの違いとは何だと思う？　プロフェッショナルは、当たり前のことほど、思いきり、圧倒的に練習する。だから、今井もプロフェッショナルでありたいんだったら、思いきり、圧倒的に練習しないとダメだ！　アマチュアは、練習量がプロより圧倒的に少ない。**アマチュアも、もちろん本番はちゃんとやろうとする。しかし、本番の質にムラが出る。その点、プロは何度やってもどんな時にも均一の高い質の行動ができる。**それも、簡単にやって見せるんだよ」

「なぜ、簡単に見えるようにやりきれるのか。それは、思いっきり本気で準備して、本気で練習をやりきっているから。まずは1回でもいいから本気になろう！　本気でやりきろう！　一度本気になって自らが設定した枠組み（観念）を超えられる人はその後、何度も枠組み（観念）を超えることができるようになるから」

「考えてみてよ、中途半端に練習している人のことを今井は真剣に応援したい？　したくないよね。それが真実で、すべてなんだ。全力で、自らにチャレンジして常に飛躍し続ける。仲間への感謝の気持ちを込めて全力で挑み続ける。そんな気持ちで行動している人をどう思う？　それが多くの人に応援される、プロの在り方だよ。今一度、俺たちの在り方をチェックしてみよう！」

私はそんなふうに言ってくれるリーダーによって育ててもらいました。その経験を次のリーダーの育成に活かしてきたつもりです。

リーダーの原理原則

多くの人はごまかせても、最後のひとりはごまかせない。そのひとりとは、自分である。

□質問

あのときこうしておけばよかった……という後悔、別の方法があったはずという思いを活かす方法はありますか？

気づきには鮮度があります。

志事の後や1日の終わりに自分との対話の時間をつくるのと同時に、その場その場で気づいたこと、教えられたことを言葉にしていきましょう。

やり方は簡単で、市販の付箋を使います。

「これはいい」「ここはよくなかった」「納得のいく考え方を教わった」「スタッフからのネガティブな声に、現場を改善するヒントがあった」など、**気づきの鮮度が高いうちに**どんどん付箋に書き出し、見える化（形式知）していくのです。

というのも、現場のリーダーは忙しく志事をしています。ところが、気づきというのはたいてい、忙しくしているときに限って「はっ」とやってきます。

「前に教わったあの原則がこの今の現場業務のこことリンク！」と、腑に落ちるような感覚さえ起こります。しかしながら、そういうときこそめちゃくちゃ忙しく、書き留めることができません。「あとで思い返そう」と思っていても、日にちが経ってから思い返せた試しもまずありません。忙しさの中で、気づきは流されてしまうのです。

同じようなことは、研修中にも起こります。

研修中に「これは納得できた！　腑に落ちた！」ということを、ノートに書き留めます。その瞬間は、『これは現場で使える！』という確信を抱いているはずです。これはまさに気づきの鮮度がマックスの状態です。

ところが、現場に戻った途端、研修のときとは違う時間の流れがあります。現場業務の視点で鮮度が高い重要項目がいくつもいくつも目の前にやってきます。すると、知らず知らずのうちに研修で得た気づきの優先順位は後ろへ後ろへ追いやられていき、いつの間にかお蔵入りしてしまうのです。

実際、研修に参加する皆さんに「研修の気づきを振り返って思い返した試しがありますか？」と聞くと、ほぼ「ない」という答えしか返ってきません。その場での気づきは放っておくと鮮度が下がり、忘れてしまい、何も気づいていないのと大差のない状態になってしまうのです。

だからこそ、気づいたときが書きどき、始めどき。気づきの鮮度の良い付箋は、あなたの成長を助ける材料となってくれるのです。

1日前のあなたが、今のあなたに問いかけてくれる

また、付箋にはもうひとつ別の効能もあります。

例えば、今まさにあなたの中で「会議で使う資料をつくらなくてはいけない」と「家に帰る途中でクリーニングを受け取らなくては」といった問題が、その大きさも重要度もまったく異なるにもかかわらず、並列で扱われてはいないでしょうか。

仕事のこと、プライベートのこと。脳は分けて考えているようで、すべてを同じレベルで扱っていきます。 その結果、正しい選択（選別）ができないことによる消化不良が集中力や記憶力、判断力を阻害していくことは、脳研究の分野で立証されているといいます。

付箋に書き出し、「見える化することで優先順位を全体のバランスから考え、整える」と「タスク機能（実践力）強化」が可能になるのです。

付箋は目に見えるところに常に貼っておけます。大切なのは、タンスの肥やしになるのではなく、常に目の見えるところに掲げておくことなのです。

「やらなくてはいけないことがたくさんあるのに、何から手をつけていいのかわからな

い」「いつも余裕がなくてイライラしている」といった状態が整理され、手順が見え、自分やスタッフを実践のレベルに上げ、行動しやすく、目標達成しやすくなっていきます。

ちなみに、私が現在、担当している3日間のリーダー研修で、この方法を実践してもらうと多い人は150〜200枚の付箋が積み重なっていきます。

その1枚1枚が振り返りのためのトリガーとなって、そのときそのときの鮮度良い気づきのシチュエーションを思い起こさせ、何に「はっ」とさせられたのかを追体験することになります。「あの時、なんでこう思ったのだろう?」「これを感じたのは、あのときの現場のこれが引っかかっているのだよな」と。

これは成長を促す圧倒的なやり方と言えます。

「大事なことは、すべて付箋に書き出されている」

「自分の内なるあなたが、これを書いたときの自分が、今のあなたに問いかけてくれている」

そう考えて、付箋に書かれた内容を振り返れば、振り返るほど、振り返りの鮮度も上がっていきます。鉄は熱いうちに打てと言うように、「なぜ私はそう思ったのだろう?」「なぜ私はそう感じたのだろう?」「なぜ私はそう行動したのだろう?」と、「なぜ?」を繰り返すことで、在り方も深まっていくのです。

人の成長とは、質の高い問いに出会ったときに始まります。

「これはどうするんだろう?」「うちの会社ならどうするんだろう?」「うちのチームならどうするんだろう?」「自分だったらどうするんだろう?」という問い。

質の高い問いに出会えるか、出会えないかによって、あなたの成長の伸びしろは、大きく変わってきます。小さな付箋1枚が、あなたにとって成長を加速させる起爆剤になるかもしれません。

☑ リーダーの原理原則

気づきは付箋にメモしておこう。その気づきへの問いが、成長へとつながる。

□質問

リーダーとして志事に慣れてきた実感がある一方、スタッフとの一体感が失われてきた不安があります…。

現場のリーダーとして慣れてきたとき、逆にスタッフとの連携がうまくいかなくなる場合があります。そういう状況に陥っているリーダーが発しがちな言葉をいくつか紹介しましょう。あなたも口ぐせのように言っていないか、まずはチェックしてみてください。


「俺が思うに……こうするべきだと思うんだよね」

「私だったら……こうするけどね。なぜしないのかわからないね」

「言うことを聞いていればいいんだよ」

「指示どおり進めてくれれば大丈夫だから」


なぜ、こうした言い回しを使うようになってしまうのか。自信が持てるようになればなるほど、リーダーはスタッフを自分のルール、価値尺度に、はめたがります。というのも、その方がディズニーランドの「ＳＣＳＥ」で言うEfficiency（効率）が高まるからです。

ただし、ここで高まっているのは、リーダーにとっての効率の良さであることを忘れないでください。スタッフは志事のやり方がわからなくなって相談しているのに、話を聞き終える前に「俺が思うに、こうだな」「私だったら、こうするね」とアドバイスして切り上げてしまう。

志事のあり方に疑問を感じてリーダーを呼び止めたのに、「言うことを聞いていればいいんだよ」「指示どおり進めてくれれば大丈夫だから」とやり方を守ればそれでいいと突き放してしまう。

スタッフからすると、「なぜ？」へのヒントや答えがありません。

リーダーは意識的に、あるいは無意識に効率を求め、目的を伝えず、在り方を考えさせず、ただ、自分の内なる鉄則（暗黙知）からのやり方だけ教えて、目標を達成させようとしてしまうのです。

例えば、あなたが上司から突然、こう言われたらどう感じるでしょうか。

「明日、朝9時に新大阪駅の改札に集合ね」と楽しそうに言われ、上司は急いでいたようですぐに立ち去りました。

これが目的を伝えず、目標だけを示した指示です。何があるかわかりませんが、新大阪駅と言われているので、新幹線で向かえばいいのでしょう。何度か、上司と新大阪でスポーツをした経験もあるのですが、でも今回は、どういう目的で行くのか聞けなかったのでどう準備をして臨めばいいのか正直わかりません。

上司は以前からスポーツ好きだということ、何度か一緒にスポーツをしたこともあることなども踏まえて、想像力を発揮させ、動きやすいようにと考えて、ポロシャツにチノパンで集合場所で待っていたら、上司が絶句の後、「なんだ、その格好は！」とキレ始めるなんて展開もあり得ます。

これが「明日は10時に大阪で大事なお客様を紹介するから、新しい案件にもつながるチャンスにもなる。相手に失礼のない格好で朝9時に新大阪駅の改札に集合ね」となれば、あなたも相応の準備を整えて向かうことができるはずです。

目的を見失ってしまうと人生から彩りが失われていく

目標を伝えるときには目的はセットでなければいけません。ポロシャツとチノパンを選ぶ部下は上司にとって的はずれなヤツですが、本人は自分なりに目的を想像し、良かれと思って選択しているのです。

こうした行き違いが日常化すると、現場でリーダーは「なんでおまえできていないんだよ」と言い、スタッフは「やってますよ」と答えるギクシャクした関係になっていきます。

でも、その的はずれは誰のせいかと言えば、リーダーのせいです。

狙うべき的を見せていないのだから、外れるのも仕方ありません。

目標と目的、このふたつは常に対である必要があります。対であるからこそ、機能するのです。このふたつの言葉を良く見てください。

目標
目的

文字を横組みにしてみました。語尾の文字を縦に読んでみるとある言葉が浮かび上がってきます。それは、「標的」つまり、「的」のことです。

私たちは、目標ばかりいつも気にします。なぜならば、目標は目に見えやすく、目的は目に見えにくいからです。しかし、前例でもお話したとおり、それらの行動の裏側には必

的はずれにならないように
目的・目標を明確に

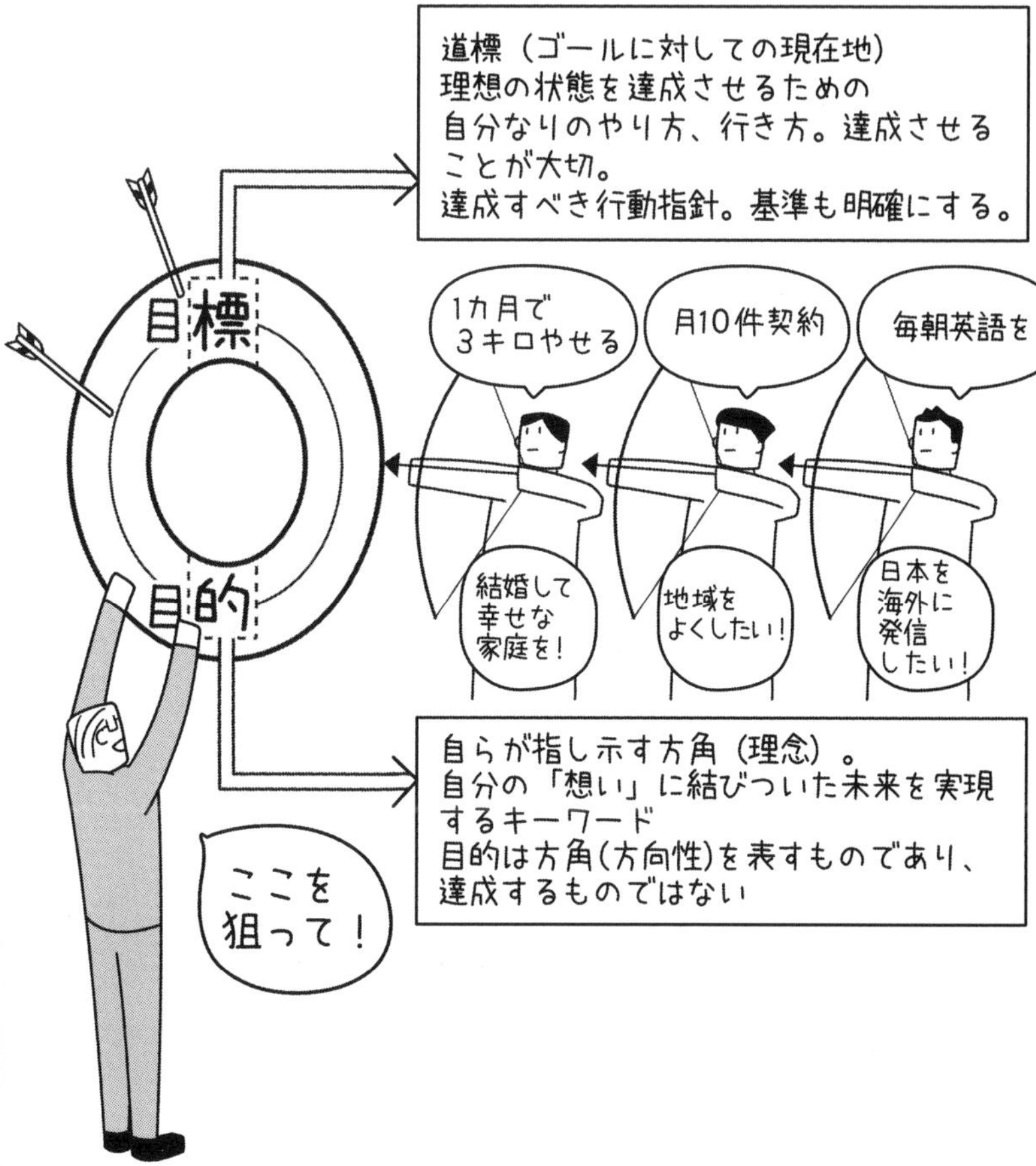

ず目的があります。この目的は、それぞれが頭の中に常に持っており（暗黙知）意識しないと出てこないという特性があります。

この目的がすべての目標のゴールを決めていることをもう、皆さんならばわかってもらえるのではないでしょうか。コミュニケーションギャップや勘違いが起こる理由のひとつは、この見えない「目的」を共有しないか、お互いで伝わっていると思い込んでいるからです。

だからこそ、**しっかりと目標には目的があるということを意識してお互いに確認しあうよう心がけましょう。**そこに正確な「標的」である「的」が現れてくるはずです。目的が明確だからこそ、行動という矢を放つことができるのです。目的が明確でないと、お互いの的がずれて、「的はずれ」になるということです。

効率を追いかけて、「俺の言ったとおりに」「私はこうすべき」「これやっておいて」と目的について語る時間を省略していると、結果的に遠回りすることになってしまう。目標を達成するためには、目的を共有することが不可欠なのです。

そして、これはリーダーとスタッフ、上司と部下の関係に限りません。あなたが「私との対話」を行うときにも、意識してください。というのも、志事をしていくうえで、最も愚かなことは、途中で自分の目的を見失うことだからです。

「お前、なんでまた的はずれなことをしているんだよ！」なんて言っているリーダーがもし、周りにいたならば、もしかしたら、そのリーダーは目的を見失いかけているのかもしれません。しっかりと向き合ってもらいましょう！

「何のために志事をしているのか？」
「そもそも何でそれをやる必要あるの？」

現場を動かすことに終始して、自分の目的を見失ってしまうと人生から彩りが失われていきます。「私の対話」で日々を振り返りながら、目的を意識しながら「なぜ、そう思ったんだろう？」「なぜ、それをする必要があるんだろう？」と内なる声に耳を傾ける。この繰り返しによって、あなたは志事の意味や価値を見失わず、歩んでいくことができます。

☑ リーダーの原理原則

常に、目的と目標を明確にしておこう。

「なぜここで働くのか」、その問いを常に持ち続けよう。

□質問

最近、この先の自分のキャリアについて考えることが増えてきました。答えではなく、答えを出すための考え方があれば、アドバイスをください。

6章もこの項で終わりです。そこで、最後の問いを投げかけたいと思います。

仮にあなたが花屋さんの店長（現場のリーダー）だとして、コンサルティングに入った私からこう聞かれたら、なんと答えるでしょうか？

「あなたの会社は、お客様に向けて何を扱っていますか？」

ここでの答えが、「私たちは花を扱っています」では、物足りないですよね。

この本をここまで読み進めてきたあなたは、本書の中ですでに同じ問いが出てきたことに気づいているはずです。そして、普通の人であれば、「私たちは花を扱っています」と答え、しかし、それでは志事として物足りないということもおわかりかと思います。

実際、お客様に感動を与えている、ある花屋さんのチェーンの店長は、口を揃えてこのように伝えてくれます。

「私たちは花を扱っています。しかしながら、私たちが扱っているのは花だけではありません。お客様に美しさ、喜び、愛情、あたたかさ、安らぎをお渡ししています」と答えてくれました。

また、ある店長はさらに「お花を通してお客様のドラマを扱っています」と、ひと言でまとめてくれました。

共通しているのは、**目に見えないものを見る力＝視座の高さ**です。


お客様がお花を買うとき、何を求めているのか。もちろん、花そのものは必要とされています。しかし、お客様の満足感、幸福感は「花を買った」だけで満たされるわけではありません。

数あるお花屋さんがある中でうちを選んでくれた理由って何なんだろう？

どんな想いでお花を選ばれたんだろうか？

誰かに贈るためなのか。贈るとすれば、どんな人に？

部屋に飾るためなのか。飾るとすれば、どこに？

その花を何に用いるのか？…

花を提供する側が、そこに想いを馳せているかどうか。この視点をしっかりと持つことで視野が広がり、視座が高まるのです。目に見えない価値に気づけているかどうかが、お客様の満足感、幸福感を左右するのです。


こうした変化、成長を支えているのは、**「学べば学ぶほどに、生まれてくる意味や価値が変わる！」**という原理原則です。

何を学び、何を知っているかがとても大切です。

何を知っているかによって、意思決定の質、スピードが変わってきます。


「美しさ」や「ドラマ」という視点を持つことで、あなたやスタッフの志事の視野が広がり、その広がりが「行動の質」という形で変わります。

お花そのものの質にもこだわるのはもちろん、店内のレイアウト、店先の綺麗さ、店内の匂い、照明の当たり具合など、普段気づかないこと、気に留めないようなことにも意識が高い（視座が高い）状態だからこそ、気になり気を配るようになり、行動するようになります。ここに、お客様は愛着、安心感、こだわりを感じ、当然、接客時の一挙手一投足が向上していきます。

多くの人が気づかないことに気づけるからこそ、視座の高い人は志事にまつわるすべての質にこだわるようになっていくのです。

私はディズニーユニバーシティの人財育成の現場で新人の入社してきたキャストにこうよく伝えていました。

「あなたはアトラクションキャストに配属されたけど、アトラクションを動かすことが仕事ではありません。あなたが扱っているのは、お客様に対するホスピタリティ、ハピネスです」と。

3人のレンガ職人が語る、それぞれの「しごと」

見えないものを見る力を例える話として、「3人のレンガ職人」という寓話があります。この寓話では、世界を巡っている旅人が3人のレンガ職人と出会い、「ここでいったい何をしているのですか?」と話をしていく様子が描かれていきます。

人は見えないものに
惹きつけられる

最初に出会った職人は辛そうで、旅人の問いに、

「見ればわかるだろう。レンガ積みだ。朝から晩まで、俺はここでレンガを積まなきゃいけない。腰は痛くなるし、手は荒れ放題。なんで、こんなことばかりしなければならないのか、まったくついてないね」とぼやきます。

次に旅人は、一生懸命レンガを積んでいる職人と出会います。彼は、

「今は大きな壁をつくっている。この仕事のおかげで俺は家族を養っていけるんだ。大変だなんて言っていたら、バチがあたるよ」と答えます。

続いて旅人は、楽しそうにレンガを積んでいる職人と出くわします。彼は、

「俺と仲間は、歴史に残る偉大な教会を造っているんだ。ここで多くの人が集い、交流する。素晴らしいだろう！」と胸を張りました。

一番目に出会ったレンガ職人は、ぼやきながら「作業（死事、私事）」をしています。作業とは、言われたことを自分目線で自分がやりたいようにやるレベルです。もしくは、機械的に何も考えず。

二番目に出会ったレンガ職人は、家族のために「仕事」をしています。仕事とは、教えてもらったこと、やらなければいけないことを確実にやりきるレベルです。

三番目に出会ったレンガ職人は、目に見えないものを見る力を発揮して「志事」をしています。志事とは、自らが大切にしている信念、価値観に裏打ちされた志を持ち、事を成していくレベルです。

作業から仕事、仕事から志事へ。働き始めた当初は、誰もが目の前のことで精一杯になってしまいます。しかし、「作業」のレベルで働き続けるのは、しんどいものです。かといって「仕事」のレベルにとどまるのも、もったいない。働き方を「志事」のレベルに引き上げることができると、毎日の充実度が変わります。

何よりリーダーが現場の誰よりもいきいきと何のためにというビジョンを語り、この志事の意味と価値を発信し続け、多くの仲間を惹きつける「志事」をすることで、チームの雰囲気も良くなっていきます。

あなたが取り組んでいる志事の意味や価値を再確認しよう

例えば、飲食店で働く現場のリーダーがこう語ったとしましょう。

「小さなお子さんのいる親御さんはレストランでゆっくり食事を取れないですよね。でも、おいしいものを食べることはストレス解消にとてもいい。笑顔になって、また新たな気持ちでお子さんと向き合える。家族が円満になれる場を私たちはつくるんだ！　私はそういう循環を生み出せるレストランをつくりたい。それが夢です」

「子どもが成人して、そのレストランにまた来ることで『また家族のためにがんばろう』と思えるような、人との繋がりが永遠に循環し続けるような、人と人との絆を育むお店をつくりたい」

そう聞けば、大多数の人がそのお店を応援したい気持ちになりませんか。

「仕事」が「志事」になるというのは、こういうことです。

夢は願うものではなく、叶えるもの

そして、志事のヒントは、今、あなたが働いている現場にも必ずあります。夢は自分が叶えるためには、とてもパワフルですし大切です。

言い方を変えると、胸のうちにある夢を成長させていくと、志になるということです。

日々の「自分との対話」を通じて、あなたが取り組んでいる志事の意味や価値を再確認し、誰かに対して「思いきりやってみよう。自分にはこういう夢があって、こういうふうにやりたいのだ」と声に出して発信していく。それが相手に伝わると、夢はひとりのものではなくなります。

自分だけの夢を多くの人の夢につなげていく。そして、その人だけでなく、関わる人すべてが圧倒的に幸せになるように成長させていくこと。

自分の夢が多くの人の幸せにつながる夢になった瞬間、志となっていくのです。

ウォルト・ディズニーは「**夢は願うものではなく、叶えるもの。叶えるために、夢を成長させていこう**」と言いました。

あなたも、あなたが今いるその場所で、夢を成長させていってください。

さて、最後に質問です。

リーダーの原理原則

あなたの仕事は「作業」ですか、「仕事」ですか、それとも「志事」ですか？

エピローグ

私は、どんなときも全力で志事に取り組むことを大切にしています。

夜の講演から移動し、翌日の朝からセミナー。そんなスケジュールが続き、正直、体力的にも精神的にも、試されるなぁ……と思う日もあります。でもそれは、目の前のお客様にまったく関係のないことです。求められている以上の力を振り絞って、全力で志高く、私のお伝えできるすべてを語っていきます。いっさい手は抜きません。

なぜなら、一期一会に全力でなければ間違いなく後悔する……と痛感した失敗の経験があるからです。

ジャングルクルーズでのたった1回の失敗

私がジャングルクルーズの船長をしていた頃、ディズニーランドは土日平日関係なく混み合っていました。ジャングルクルーズも常に120分待ちの日々。毎日、朝から晩までずっと船に乗っているような感覚になるような状況でした。

ある梅雨の終わりの蒸し蒸しした日でした。その季節のディズニーランドには海からの生ぬるい風が流れ込み、水上を移動するボート内の湿度も高く、繰り返しクルーズをするうち、体力を消耗していきます。

現場もあと数時間で仕事をあがれるようなラストスパートに近い状況の時だったと記憶しています。

私は、その日の暑さと湿気で体力的にも精神的にもかなり追い込まれていました。そして、内なる自分がこう言ったのです。

「ごめん。1周だけ、ほんの少し力を抜いてもいいかな……」と。

毎日毎日、当たり前のようにボートに乗り込むゲスト、ゲスト、ゲスト。

いつの間にか、たくさんのゲストの前に立つのが当たり前になっていました。今日も明日もきっとまたたくさんのお客様がやってくる。決して、おごっていたわけではないのですが、そんな自分勝手な思いが、いつのまにかその一周のボートに表れました。いつもならば、ゲスト一人ひとりの顔、32人をしっかりと見ながら、一体感を持ってジャングル探検していたのに、一人ひとりを見ることなく、流れ作業的に出発してしまったのです。

小学校2年生のとき、初めてジャングルクルーズに乗り、「船長かっこいい！　こんな船長に俺もなりたい！」と憧れ、その夢を叶えた私だったにもかかわらず、結果的に手を抜いてしまいました。

後日、私はこのときのことを大きく後悔することになりました。

じつは、このクルーズの時に、小学生の男の子を連れたご家族の皆さんを大きく傷つけることになってしまったのです。

その男の子はジャングルクルーズが大好きで、はるばる遠くからやってきてくれていたのです。普段なら船長は一人ひとりに話しかけながら楽しくクルーズをしてくれるのに、今回は僕の方も見てくれなかった、僕が怒らせてしまったのかな、と、落ち込んでいたというのです。

出会う人たちすべては奇跡の連続

遠方から来てくださったご家族連れです。交通費、宿泊費を含めて、とても大きなお金もかかります。大切な時間もたくさん頂戴しています。お子さんにとっても、ご両親にとっても一大イベントです。

その想いを裏切ってしまったのです。

疲れを理由に「すべてのゲストにハピネスを提供する」という「あり方」を棚上げし、自分と同じ憧れを抱いていたお子さんを裏切ってしまったわけです。

あなたは感謝の反対がなんだかわかりますか？　「当たり前」という感覚です。

手抜きをした瞬間に、本気で取り組んだジャングル探検のすべての周が台無しになってしまう。そのとき学んだのは、「当たり前なんてない。出逢う人たちすべては奇跡の連続なのだ」ということでした。

講師という志事柄、全国で講演、セミナー、研修、勉強会、授業などが続く毎日を送らせていただいています。さまざまな状況から体力的にも精神的にも試されるなと思うこともあります。それでも、熱い想いで全国から集まってくださった人たちの前に出るときは、全力の今井千尋で、本気で耳を傾け、本気で語りかけ、本気で持てるすべてを伝えようとしています。もしかすると、「暑苦しい」と感じている方もいるかもしれません。

まさに、真剣勝負です！

その場、そのときの出逢いは、すべて奇跡です。

それはどんな志事、どんな現場、どんな状況でも変わりません。あなたがお客様、上司、部下と出会ったのは、当たり前の出来事ではありません。全力であなた自身の力を発揮してください。それがまた、次の奇跡へとつながっていきます。

この本もまた、全力でつくりました。なぜなら、このページを開いてくれたあなたとの出逢いも奇跡だからです。

次に影響力を発揮するのはあなたです！

私には、夢の続きがあります。

「日本中に、ディズニーランドやユニバーサル・スタジオ・ジャパンのような場をつくり出すこと」

「私たち一人ひとりがディズニーランドやユニバーサル・スタジオ・ジャパンのような存在になり、多くの現場に燈りを灯すこと」

一燈照隅《いっとうしょうぐう》　万燈照国《ばんとうしょうこう》

「現場の一人ひとりに燈りを灯せば、必ずその現場は光り輝き、その現場が光り輝くからこそ、企業が輝き、企業が輝くからこそ、その企業がある地域が輝き、その地域が輝くからこそ、日本全体が輝くんだ！」

ひとつの小さな燈りが日本中を照らす。（万燈照国）

この想いをもって、今日も、今もなお、現場を走り回っています。

共に日本をさらに元気にするためにがんばりましょう！

最後に……。

ここまでさまざまなことを共に学ばせていただきありがとうございました。

あなたがこの本と出逢い、手に取り、人生の貴重な時間を使って読み進めてくださったこと。活字を通して私と向き合い、自分と向き合い、多くの気づきを得てくださったこと。

本当に心から感謝申し上げます。

しかし、ここで終わってしまっては、何の変化も生まれません。

学びて己の足らざるを知り、
人に語りて己の磨かざるを知る。

今まで知らなかったことに触れること、気づかなかったことが気づけたこと。

新しいことを知ること（学ぶこと）の楽しさを知ると、見える世界が変わり、意思決定が変わります。自分と向き合い、誠実にリーダーとして発信、実践し続けてください。

影響力を発揮するのはあなたです！


さぁ、準備が整いました！

今から実践していきましょう！


大丈夫、今のあなたならできるはず!!

できます!!
あなたとお逢いできる日を楽しみに、ワクワクお待ちしています！

テーマは、『Enjoy!!』

この本を出版するにあたり、多くの皆様のご支援をいただき、本当に感謝しています。
この本を情熱をこめて世に出したいと関わっていただいた内外出版社の関根真司様、ライターの佐口賢作様、私の力を信じていただき、日ごろから人財育成をサポートさせていただいている「一風堂」の河原成美会長、ご縁をつなげていただき、私の価値を信じていただいた早津茂久様、そして、私をここまで志高く育てていただいた弊社湯ノ口弘二代表、三谷幸代専務、ディズニーに出逢わせてくれ、ずっと変わらぬ愛情をもって育ててくれた両親、ディズニー、ユニバーサル・スタジオ・ジャパンの恩師、同志である仲間の皆さん、そして、日ごろから私を信じていただき、企業のさらなる発展と現場活性化のために変わらぬご縁を紡いでいただいている経営者、幹部の皆様、ただものではない現場リーダーの皆様、パート、アルバイトの皆様、コミュニケーションエナジーの皆さん、そして、私にご縁をいただいたすべての皆様、本当にたくさんの方のご支援のお陰です。

心よりありがとうございます!!

幸福感とは感謝の心に気づくことからすべてが始まる・・・

今日も皆様とのご縁を大切にしながら全国のどこかの地へ

2017年 10月

今井千尋

若いリーダー世代の必読書

一風堂　創業者　河原成美

私が今井講師に初めて出逢ったのは、２０１６年冬でした。社内研修にコミュニケーション・エナジーさまのメソッドを導入するタイミングであり、その打合せでご縁をいただきました。

弊社においては、30名を5チームに分け、５か月間の研修を行っていただきました。最終日の発表では、各チーム、熱量のある、そして、お互いをサポートした、本当のチームとして発表をしてくれたことを覚えています。

私も飲食業を始めて38年が経ちますが、その中で学んだことは、一人ひとりが個人のことを考えるのではなく、チーム全体を考えた時に、一人ひとりの本当の力が発揮されるということです。チーム全体の総和が大きくなり、メンバー一人ひとりがいきいきと働くことができるのです。この書籍では、「部下」「チーム」「お客様」「自分自身」という違う立場を取り扱いながら、本当のチームをつくることに挑戦しています。ぜひ多くの若いリーダー世代に手に取っていただきたい一冊です。

カバーデザイン／小口翔平＋山之口正和（tobufune）
本文デザイン・DTP・イラスト／株式会社Suffix
編集協力／佐口賢作

今井　千尋（いまい・ちひろ）

1975年　神奈川県生まれ。立教大学卒。子どもの頃の夢だった「ジャングルクルーズの船長さんになりたい！」を実現。株式会社オリエンタルランドに入社し、東京ディズニーランドの現場で、ゲストサービス、トレーニング業務に従事。東京ディズニーシー開業準備時期であった2000年に東京ディズニーリゾートで働くすべてのキャストを中心にディズニーユニバーシティリーダーとして数千人の導入研修の担当として育成業務に従事､東京ディズニーリゾート初年度のキャスト受け入れに貢献。ゲストサービス関連の受賞も多数あり。

その後、ユニバーサル・スタジオ・ジャパンを運営する株式会社ユー・エス・ジェイに入社。トレーニングスーパーバイザーとして､飲食部､リテールセールス部(物販部)､エンターテイメント部､オペレーション企画部､全社人事部トレーニングチームとテーマパークの運営企画から各部署での人財育成・開発の専門職を歴任し、ユニバーサル・スタジオ･ジャパンのV字回復施策となる「Magical Moment Program」の参画メンバーとしてパーク内ゲストサービス力向上に貢献。
また、「Universal Academy」の立ち上げにも参画し、各種研修の企画や運営、さらには全クルーの模範であり、企業の顔となる入社時導入研修や研修育成トレーナー制度などの立ち上げに関わり、企業文化の醸成と人財育成の仕組みを構築。人財育成・開発領域で貢献を果たす。

現在は、この経験をもとに、人財育成、人財開発コンサルタントとして、中小企業から東証一部上場企業、各経営団体、学校団体、中国・上海を中心に海外でも、講演、研修、コンサルティング、講義（授業）を行う。
ディズニーランドの創始者であるウォルト・ディズニーの哲学「夢は願うものではなく､叶えるものなんだ」を自らの体験としてわかりやすく､感動と情熱をもって伝える､その独特のトレーニングメソッドは、熱烈なファンも多い。コミュニケーションエナジー株式会社取締役。人財開発トレーニング部部長。

ディズニー・USJで学んだ
現場を強くするリーダーの原理原則

発行日　2017年11月24日　第1刷
著　者　今井 千尋
発行者　清田 名人
発行所　株式会社内外出版社
〒110-8578　東京都台東区東上野2-1-11
電話 03-5830-0237（編集部）
電話 03-5830-0368（販売部）
印刷・製本　中央精版印刷株式会社

©Chihiro Imai 2017 printed in japan
ISBN 978-4-86257-321-6
本書を無断で複写複製（電子化を含む）することは、著作権法上の例外を除き、禁じられています。また本書を代行業者等の第三者に依頼してスキャンやデジタル化することは、たとえ個人や家庭内の利用であっても一切認められていません。
落丁・乱丁本は、送料小社負担にて、お取り替えいたします。